Y Faciwî

Y Faciwî

Barbara Warlow Davies

I Carol a Richard
ac i lu o ffrindiau a chydnabod
sydd wedi cyfoethogi fy mywyd

Argraffiad cyntaf: 2013

Dymuna'r cyhoeddwyr gydnabod cymorth ariannol
Cyngor Llyfrau Cymru

Cynllun y clawr: Y Lolfa

Rhif Llyfr Rhyngwladol: 978 1 84771 674 3

FSC

Cyhoeddwyd, rhwymwyd ac argraffwyd yng Nghymru gan
Y Lolfa Cyf., Talybont, Ceredigion SY24 5HE
gwefan www.ylolfa.com
e-bost ylolfa@ylolfa.com
ffôn 01970 832 304
ffacs 832 782

Cynnwys

Rhagair

R WY AM FANTEISIO ar y cyfle i gydnabod y croeso a'r caredigrwydd a ges i yn Saesnes uniaith bedair oed o ganol dinas Lerpwl gyda John a Rachel Davies ar aelwyd Pantglas. Fe ddaethon nhw'n 'Wncwl' ac 'Anti' i mi. Fe fu fy Wncwl yn fwy o dad i mi na fy nhad fy hunan. Rwy'n dal i gofio'i eiriau o groeso i bawb a alwai heibio: "Dewch i gael te ac fe gewch siâr o beth bynnag sy gyda ni." Yng nghartref Mrs Baker yn Lerpwl, fi oedd yr olaf i gael rhywbeth i'w fwyta, ond ym Mhantglas fi oedd yn cael y tamaid cyntaf a'r tamaid gorau bob tro. Fe fu gofal Anti Rachel yn well nag unrhyw fam, ac rwy'n dal i gofio'r sgiliau a ddysgais ganddi. Rwy'n gallu cofio'i geiriau hithau: "Rwy'n dysgu Barbara i wneud popeth. Ei lwc hi os *na* fydd rhaid iddi."

Yn fwy na dim efallai fe werthfawrogais y ffaith bod perthnasau fy Wncwl ac Anti o'r ddwy ochr wedi fy nerbyn yn syth fel aelod naturiol o'u teuluoedd eu hunain.

Rwy'n ddyledus iawn i ysgol Talgarreg o dan ofal Tom Stephens am yr hwyl a'r addysg a ges i yn ystod fy mhlentyndod mewn awyrgylch ddiogel a hapus, mor wahanol i ysgol Clint Road yn Lerpwl. Fy nghyfnod yn ysgol Talgarreg a'm galluogodd i fedru siarad Cymraeg yn rhugl a rhoi i mi flas ar ysgrifennu'r iaith yn ogystal.

Mae llawer o'r atgofion yn ymwneud â chymdogion, pobl gyffredin cefn gwlad, pobl yn llawn cymeriad, pobl garedig. Coffa da amdanyn nhw. Mae fy nyled yn fawr i'r gymdeithas yn ardal Talgarreg ac aelodau capel Bwlchyfadfa. Roedd pawb fel petaen nhw'n agor eu breichiau a'u calonnau i dderbyn y faciwî fach a'i gwarchod yn ystod ei phlentyndod. Fe gafodd y cymdogion dipyn o drafferth gyda'r enw 'Barbara' – rhai yn fy ngalw yn 'Debra', 'Deborah'. Eraill yn dweud 'Barbara' ac ambell waith yn 'Siân' gan mai Joan yw fy ail enw. Gyda chymorth y bobl buan iawn y llwyddais i gael rhyw grap ar y Gymraeg a dod yn hollol rugl cyn pen fawr o amser.

Wrth gofnodi rhai o'm hatgofion am yr hen amser cefais lawer o fwynhad ond hefyd fe gefais bwle o hiraeth a chollais aml i ddeigryn wrth eu hysgrifennu. Serch hynny, pleser pur oedd profi'r brwdfrydedd ymhlith pobl yr ardal wrth baratoi'r cyflwyniad i gyd-fynd â nosweithiau lansio'r llyfr. Fe fydd yr hwyl afieithus a gafwyd yn yr ymarferion yn aros yn hir yn y cof.

Yn olaf carwn gydnabod fy niolchgarwch i Gareth fy niweddar ŵr, y plant Carol a Richard am eu cefnogaeth ar hyd yr amser. I Wasg y Lolfa am eu gwaith proffesiynol a graenus, heb anghofio anogaeth a chyfraniad Eleri Davies ac Emyr ac Eiris Llywelyn wrth olygu'r gyfrol a Manon Dafydd am waith teipio hynod o ofalus a chywir. Heb eu cymorth nhw, yn sicr fyddai'r llyfr ddim wedi gweld golau dydd.

1

Y Cefndir

D IODDEFODD DINAS LERPWL yn enbyd adeg yr Ail Ryfel Byd, ond oherwydd sensoriaeth a orfodwyd gan lywodraeth Winston Churchill, chafodd hi ddim cyhoeddusrwydd fel dinas Llundain ac felly ni chyhoeddwyd fawr ddim yn y papurau. Chafodd Lerpwl ddim mo'i henwi ond yn hytrach soniwyd amdani fel 'A North-West Town', a phrin iawn oedd y manylion. Enwyd mo'r llefydd na'r bobl. Yn wir, cymerodd drigain mlynedd cyn i bapurau newydd Lerpwl gael y cyfle i adrodd y stori lawn am yr erchyllterau a ddioddefodd y trigolion, pan gyhoeddwyd copi arbennig o'r *Liverpool Echo* yn datgelu manylion am y drychineb waethaf yn ystod y rhyfel, sef Blits Mis Mai 1941.

Lerpwl oedd prif darged awyrennau'r Almaen, y *Luftwaffe*. Ar draws gogledd Môr Iwerydd ac o wledydd niwtral y byd, fe ddeuai'r confois yn llawn bwydydd, ffrwythau, gwlân, cotwm, tybaco, gwenith, arfau a defnyddiau at ryfel i ddociau Lerpwl, ar lan Merswy. Roedd yr afon fel gwythïen fawr yn cynnal bywyd yn y dre a'r cyffiniau a hefyd y wlad i gyd. Felly noson ar ôl noson, yn don ar ôl ton, daeth yr awyrennau, eu bomiau a'u ffrwydron parasiwt, a'r bomiau oedd yn dechrau tanau.

Yr amser mwyaf brawychus oedd amser Blits Mis Mai pan ddioddefodd Lerpwl wyth noson erchyll. O'r 1af o Fai hyd at yr 8fed, bu'r gelyn yn bomio'r ddinas bob nos o hanner awr wedi deg y nos hyd oriau mân y bore. Noson ar ôl noson, fe glywid sŵn y seiren, yna tawelwch llethol. Yna, yn gymysg â sŵn y drylliau mawr, sŵn bomiau'n ffrwydro a sŵn awyrennau fel gwenyn meirch anferth yn hedfan uwchben gan greu arswyd ar drigolion y ddinas. Yn ystod yr wyth noson yma yn unig lladdwyd 2,000 o bobl ac anafwyd mwy na mil. Dinistriwyd 90,000 o gartrefi ac roedd 75,000 yn ddigartref.

Roedd cyrff hen ac ifanc yn gorwedd ar y strydoedd, neu wedi eu claddu yn y rwbel ac roedd pob ysbyty a mortiwari yn llawn. Llosgai tanau ar draws y ddinas ac roedd rhannau helaeth ohoni yn adfeilion. Suddwyd llongau yn y dociau ac ar yr afon, ac roedd y stordai mawr oedd yn llawn nwyddau a bwydydd angenrheidiol wedi eu chwalu. Nos Sadwrn y 3ydd o Fai (yn ôl cofnodion a wnaed gan yr

Almaenwyr) hwn oedd y cyrch awyr trymaf a wnaed ym Mhrydain pan achoswyd y difrod mwyaf i ddinas Lerpwl. Dinistriwyd siopau mawr yng nghanol y ddinas, siopau fel: Lewis'; Blacklers; Evans & Sons; Lescher and Webb; Chemical Works; Yr India Buildings lle'r oedd swyddfeydd y Dreth Incwm; Swyddfa'r Post; Y Llysoedd Barn; Swyddfa'r Llywodraeth; Yr Amgueddfa; Y Llyfrgell Gyhoeddus; Yr Oriel Gelf; Llyfrgell Picton; Y Gyfnewidfa Ffôn; Blue Coat Chambers, adeilad hynaf Lerpwl.

Disgynnodd bom ar drên yn llawn ffrwydron yng Ngorsaf Cheapside gan achosi llanast difrifol. Difrodwyd yr Oil and Fat Works, Bibby's Mills, storfeydd gwlân a thybaco, Eglwys y Santes Fair, Eglwys Walton, Ysgol St Brides, stablau yn Vauxhall Road, a llawer o adeiladau eraill. Yn eu plith dinistriwyd llyfrgell enwog y 'Law Society' lle difethwyd pymtheng mil ar hugain o lyfrau amhrisiadwy.

Dyma rai o'r manylion ymddangosodd yn y *Liverpool Echo* drigain mlynedd wedi'r rhyfel:

Yn Ysbyty Mill Road roedd claf yn derbyn llawdriniaeth pan ddisgynnodd bom gan gladdu'r claf o dan y rwbel. Ond gorffennwyd y llawdriniaeth yn ddiweddarach ar ôl ei ryddhau o'r rwbel a bu ef byw i ddweud yr hanes.

Claddwyd mam a'i merch mewn lloches yn eu

gardd yn Wavertree. Newydd symud yno roedden nhw ar ôl i'r tŷ lle'r oedden nhw yn byw gael ei chwalu gan fomiau. Roedden nhw'n arfer llochesu o dan y stâr ond y noson honno penderfynon nhw lochesu yn y *shelter* yn yr ardd ond disgynnodd bom yn union ar y gysgodfan a lladdwyd y ddwy.

Lladdwyd pâr ifanc chwe diwrnod yn unig ar ôl iddyn nhw briodi pan ddisgynnodd bom ar ben y golchdy lle'r oedden nhw'n llochesu, a'r gŵr ifanc ond gartref am wyliau byr o'r fyddin.

Roedd pâr oedrannus yn dathlu pen-blwydd eu priodas aur ac roedd eu chwe phlentyn a'u teuluoedd yno yn dathlu'r achlysur hapus. Cododd yr hen wraig ar ei thraed i dorri'r gacen ond yn sydyn disgynnodd bom ar yr adeilad a chwythwyd y teulu i ebargofiant. Lladdwyd pawb ond y mab hynaf a bu yntau byw i ddweud ei stori.

Mewn llaethdy yn Arundel Road, Sefton Park, claddwyd y perchennog a'i fab a deunaw o wartheg o dan y rwbel. Mae hanes Blits Mis Mai yn erchyll ond mae hefyd yn cyfeirio at bobl ddewr oedd â'u cartrefi ar y llinell flaen ym mrwydr Môr Iwerydd. Roedden nhw'n ofnus yn naturiol ond ni throdd neb ei gefn er gwaethaf yr holl erchyllterau.

Stori falch am bobl falch yw stori Blits Mis Mai.

(Allan o'r *Liverpool Echo*, Ebrill 2001)

2

Byw drwy'r Blits

C ES I FY ngeni yn 36 Crosfield Road, Edge Hill,
Lerpwl ym 1936 dair blynedd cyn dechrau'r
Ail Ryfel Byd. Symudon ni fel teulu, fy nhad, fy
mam, fy mrawd a oedd wyth mlynedd yn hŷn na
mi, a minnau yn fuan i dŷ mewn stryd gyfagos
sef 3 Scourfield Street.

Enw fy nhad oedd William Richard Warlow,
peintiwr ac addurnwr wrth ei alwedigaeth.
Roedd ei dad, William, yn dod o Ddinbych y
Pysgod, lle bu tair cenhedlaeth o'r teulu yn byw.
Gwneuthurwr dodrefn oedd ei dad-cu Richard
a'i hen dad-cu John Warlow. Cyn hynny bu
sawl cenhedlaeth yn byw yn Nolton a sawl
cenhedlaeth cyn hynny yn byw yn Camrose
ger Hwlffordd, ac rwy'n gallu olrhain hanes
teulu 'nhad nôl i 1548. Mary Griffith oedd
enw Mam-gu (mam fy nhad) ac roedd hi'n
enedigol o Drelawnyd, Sir Fflint ac yn hanu o
deulu'r arlunydd enwog, Moses Griffith a fu'n
gydymaith, gwas ac arlunydd i Syr Thomas
Pennant o Downing, Fflint.

Elisie Povall oedd enw mam. Thomas Ellson Povall oedd ei thad ac roedd y teulu Ellson yn dod o Wettenhall a'r Povalls o Bunbury, yn Swydd Caer. Roedd tad-cu Mam yn deiliwr ac fe ddysgodd hi deilwra gydag ef ac roedd hi'n arbennig o dda am grosio a gwau hefyd. Bu farw fy mam ym mis Mai 1939 ryw chwech wythnos cyn i mi gyrraedd fy mhen-blwydd yn dair oed a hithau ond yn wyth ar hugain oed. Un o'r atgofion cynharaf sydd gennyf am yr adeg honno yw bod nifer o bobl ddieithr yn y tŷ ac roedd arna i eisiau fy meic bach tair olwyn a oedd yn cael ei gadw yn y seler.

"I want my tricycle!" meddwn, ond atebodd neb.

"Please, can I have my tricycle?" meddwn eto.

A dyma rywun yn dweud wrthyf am fynd i'w hôl fy hunan. "Why did they say that?" meddyliais, "They know I can't carry it up the steps. They know I'm afraid of the dark." Felly, doedd dim amdani ond mynd lawr y stâr, mynd yn araf ac yn ofnus lawr, lawr, lawr... yna dyma fi'n clywed sŵn drws y ffrynt yn cau ac yna tawelwch llethol...

Yr atgof nesaf sydd gennyf yw fy mod wedi fy ngwisgo mewn cot a het las golau o waith Mam wrth baratoi i fynd i weld Anti Edie, chwaer ieuengaf Mam a oedd wedi'i mabwysiadu gan wraig yn Southport. Wel, roeddwn yn barod i fynd i Southport ond rywsut neu'i gilydd llwyddais i fynd mas o'r tŷ heb i neb fy ngweld, ac allan â fi i'r stryd gul tu cefn i'r tŷ a dyma fi allan yn stryd fawr Durning Road. Roedd rhaff fawr ar draws y stryd o un ochr i'r llall, ac yn nes lan roedd rwbel, hen gerrig a brics, dros y lle i gyd. Roedd bomiau Hitler wedi disgyn yn agos iawn y noson cynt. Sylwais fod plismon yn sefyll ar bwys y rhaff yr ochr honno i'r stryd a phan feddyliais ei fod yn edrych i ffwrdd, sleifiais yn ddistaw bach i'r ochor arall. Yna dechreuais gripian o dan y rhaff a'r funud nesaf dyma law enfawr yn disgyn ar fy ysgwydd a llais awdurdodol yn dweud, "Where are *you* going?" Cydiodd y plismon yn fy llaw a mynd â fi nôl i'r tŷ.

Rhywbeth arall rwy'n ei gofio'n dda yw'r diwrnod yr anghofiais fy masg nwy. Cafodd pob un, o'r baban lleiaf i'r person hynaf, fasg nwy gan y Llywodraeth ac roedd cyfraith gwlad yn gorchymyn i bawb gario'r masg nwy ble bynnag y bydden nhw'n mynd.

Y flwyddyn oedd 1941 a finnau'n mynychu Ysgol Clint Road. Pan ganodd y gloch dyma ni'r plant yn ffurfio llinellau syth o flaen drws yr ysgol gydag athrawes yn cadw llygad barcud ar bawb wrth inni fynd heibio. Fe sylwodd 'mod i heb fy masg nwy a dyma orchymyn i fi fynd adref yn syth i'w hôl er nad oeddwn ond yn bedair oed. Wn i ddim pam ond es i ddim pellach na iet yr ysgol. Gerllaw'r iet roedd rhyw fath o gysgodfan lle chwaraeai'r plant pan fyddai'n bwrw glaw. Yno roedd tapiau dŵr gwahanol i'r tapiau sydd gennym ni heddiw. Ar dop pob tap roedd cylch bach crwn a edrychai'n debyg i geiniog, ac i gael dŵr mas roedd yn rhaid gwasgu'r geiniog i lawr. Yma bûm am sbel yn chwarae â'r tapiau dŵr, ac wrth gwrs fe wlychais yn sopen! Penderfynais ymhen tipyn i fynd i mewn i'r ysgol a dywedais wrth yr athrawes:

"Sorry Miss, there was no one at home!"

Sylwodd yr athrawes ar fy nillad gwlyb a dweud:

"I didn't know it was raining!"

Rhoddodd fi i eistedd o flaen y tân i sychu fy nillad.

Dw i ddim yn cofio pam nad es i nôl i'r tŷ i hôl fy masg nwy, ond roedd gan Mrs Baker dymer gas. Gyda hi a'i gŵr y bu fy nhad a finnau yn byw hyd nes i mi ddod i Dalgarreg, ac yno bu fy nhad yn byw hyd nes iddo farw ym mis Chwefror 1957 yn ddyn ifanc pum deg dwy flwydd oed.

Atgof arall sy'n aros yn fyw yn fy nghof yw'r noson pan chwalwyd ysgol Ernest Brown. Ar 28

Tachwedd 1940 disgynnodd *land-mine* ar Ysgol Dechnegol Ernest Brown, yn Durning Road. Ar ôl marwolaeth fy mam bu Ruthie Cook, un o'i ffrindiau, yn edrych ar fy ôl am gyfnod yn ei thŷ. Doedd gen i ddim un fam-gu am fod y ddwy wedi marw cyn i mi gael fy ngeni, ac roedd fy nhad wedi ymuno â'r fyddin fel *gunner* yn y *Royal Artillery* ym mis Awst/Medi 1939, dri mis ar ôl marw Mam.

Adeg y rhyfel fe fyddai seiren yn rhybuddio fod awyrennau'r gelyn yn nesáu, ac arferai Ruthie Cook fynd â'i merch Doreen a fi i lochesu rhag y bomiau yn Ysgol Dechnegol Ernest Brown yn Durning Road. Roedd nifer o bobl a phlant yn gwneud yr un peth a llawer ohonyn nhw'n mynd lawr i'r seler lle'r oedd y boeleri. Ar 28 Tachwedd digwyddodd 'nhad fod gartref ar wyliau o'r fyddin a gan ei fod wedi gwerthu ein cartref roedd yn lletya gyda Mr a Mrs Baker yn yr un stryd â Ruthie Cook, sef Dodge Street, y stryd agosaf at Durning Road. Pan glywodd 'nhad gan Mrs Baker fod Ruthie Cook yn arfer llochesu yn Ysgol Ernest Brown dyma fe'n sylweddoli pa mor beryglus oedd hyn, a dyma fe'n rhuthro draw i dŷ Ruthie Cook fel roedd hi a'i merch Doreen a finnau ar fin gadael y tŷ i fynd i gysgodi yn yr ysgol. Gwrthododd fy nhad adael i mi fynd, a'r noson honno ni aeth hi na'i merch Doreen i'r ysgol chwaith.

Dyma 'nhad yn mynd â fi i dŷ Mr a Mrs Baker lle'r oedd hen soffa wedi'i gwthio i'r cwtsh-dan-stâr, ac aeth Mrs Baker, ei mab Billy a finnau i eistedd ar y soffa tra safai 'nhad a Mr Baker wrth y drws. Cyn hir fe glywon ni sŵn awyrennau'r Almaenwyr yn agosáu. Er nad oedden ni'n byw yn agos i'r dociau roedd gorsaf drenau Edge Hill yn agos iawn a byddai hon yn cael ei thargedu'n aml. Ond y noson honno fe glywon ni'r bomiau'n disgyn yn agos iawn. Yn sydyn dyma BANG! enfawr a 'nhad yn dweud, "They're really close tonight." Yna'r eiliad nesaf dyma ffrwydrad fwy eto. Chwalwyd y ffenestri yn deilchion a'r llenni yn rhubanau rhacs. Goleuwyd y stafell, oherwydd, erbyn hyn, roedd tanau wedi dechrau gan y bomiau. Aeth 'nhad mas tu fas i'r iard gefn ac fe'i chwythwyd ar draws yr iard gan nerth y ffrwydrad a ddaeth ar ôl i'r bomiau ddisgyn.

Disgynnodd bom yn syth ar yr ysgol a chafodd dros gant chwe deg pedwar eu lladd. Yn wir, lladdwyd pob un oedd yn llochesu yn y seleri, pob un ond un babi bach ac roedd hwnnw'n dal i sugno ei ddymi pan achubwyd ef. Fe fues i am sbel hir ar ôl hyn yn dweud y geiriau 'sucking his dummy alive... sucking his dummy alive...' wrthyf fy hun, gymaint oedd effaith y noson honno arnaf. Mae'n debyg nad es i byth yn ôl i aros gyda Ruthie Cook wedi'r noson honno ac ni faddeuodd hi byth i 'nhad am fynd â fi oddi wrthi.

3

Y Faciwîs

CYHOEDDODD Y PRIF Weinidog, 'We are at War with Germany' ar y 3ydd o Fedi 1939. Y Sul canlynol, gorfodwyd y plant oedd â'u rhieni wedi caniatáu iddyn nhw ymadael am gartrefi saffach, fynd i'w hysgol ac o fan'ny gerdded i'r orsaf drên agosaf, yn achos fy mrawd Edge Hill oedd yr orsaf. Roedd Bill fy mrawd wyth mlynedd yn hŷn na mi, ac roedd ei brofiad ef o fod yn faciwî yn wahanol iawn i'm mhrofiad i. Yn yr ysgol cafodd pob disgybl fag papur brown yn cynnwys tun o *corned beef*, tun o laeth wedi'i dewychu (*condensed milk*), bisgedi a the. Rhoddwyd label gydag enw, cyfeiriad ac enw'r ysgol (Clint Road Primary) wrth goler pob un gyda gorchymyn nad oedd neb fod tynnu'r label bant. Yn yr orsaf dechreuodd rhai mamau a phlant lefen a cheisiodd yr athrawon a'r plant hŷn eu cysuro.

Roedd y siwrnai'n faith ac roedd rhai o'r plant wedi ypsetio ac wedi blino. I Gaernarfon cafodd

Bill ei anfon a chael ei hun mewn neuadd ysgol lle'r oedd nifer o oedolion yn siarad iaith od yn edrych ar y plant gan bwyntio at un nawr ac yn y man. Fe frawychwyd y faciwîs a gofynnodd Bill i un athrawes beth oedd yn digwydd ac eglurodd honno. Aeth rhai plant gyda rhai o'r estroniaid ac aeth Bill a'r gweddill ar fws i Ben-y-groes. Digwyddodd yr un peth eto gyda dieithriaid yn mynd â rhai plant i ffwrdd!

Ar y bws eto a chyrraedd pentref bach Nebo ac i neuadd yr ysgol lle dewiswyd pob plentyn oedd ar ôl. Cafodd Bill lety gyda theulu yn cynnwys y fam, tri brawd a chwaer. Ar ôl brecwast drannoeth aeth rhywun â Bill i'r ysgol lle'r oedd athrawes o Lerpwl, Miss Davies, yn disgwyl amdanyn nhw. Cafodd Bill gartref da gyda'r teulu hwn ac roedd Meredith, y mab ifancaf yn gweithio yn y chwarel lechi leol ac roedd mab arall yn mynd â Bill i'r pictiwrs bob wythnos ar ei foto-beic. Roedd Bill wrth ei fodd allan yn y caeau, y mynyddoedd a'r llynnoedd.

Ond nôl i Lerpwl aeth Bill ar ôl bod yn Nebo, Sir Gaernarfon am ryw bedwar mis ar ddeg. Pan gyrhaeddodd roedd 'nhad, a oedd gartref ar wyliau, yn ei ddisgwyl ar yr orsaf, ac fe ddywedodd wrth Bill ei fod i aros gyda Mr a Mrs Baker. Erbyn i Bill ddod nôl i Lerpwl roedd yr Almaenwyr yn bomio'n fwy aml o fis Tachwedd ymlaen, yn fwyaf arbennig ardal y dociau a'r rheilffyrdd. Mae Bill yn cofio amdano yn nhŷ Mr a Mrs Baker yn cysgu ar fatras wedi'i osod ar ben y glo yn y seler gyda gobennydd a phedwar plentyn Mr a Mrs Baker yn rhannu'r un gwely. Erbyn daeth Blits Mis Mai dechreuodd Cyngor y Ddinas feddwl am anfon y plant a ddychwelodd i Lerpwl i ardaloedd gwledig unwaith yn rhagor.

Erbyn canol mis Mawrth 1941, roedd Bill ar ei 'drafels' unwaith eto. Gadawodd fi yng ngofal Mr a Mrs Baker ac fe aeth e ar y trên i Aberystwyth gyda phlant o Ysgol Clint Road a rhai ysgolion eraill. Ar ôl cyrraedd aeth y plant a'r athrawon i neuadd fawr i gael bwyd ac i orffwys am dipyn. Yna bant i Aberaeron i neuadd arall gydag athrawes o Clint Road, Miss Skinner, yn gofalu am blant yr ysgol honno; yna ar fws arall a chyrraedd Talgarreg, ac i neuadd arall eto a chael ei ddewis gan John Davies, Pantglas.

Teithio wedyn yn y tywyllwch i'r fferm ac yntau, fel finnau yn ddiweddarach wedi syllu ar y crochan a oedd yn hongian ar y tân gyda fflamau gwyllt o dano. Er ei fod bron yn dair ar ddeg oed roedd ei feddwl yntau yn troi at wrachod, fel y rhai y darllenodd amdanyn nhw yn ei lyfrau ysgol. Cafodd gysgu mewn gwely mawr dwbl ac roedd hyn yn foethusrwydd pur iddo ar ôl y profiad o rannu gwely gyda phedwar o blant eraill.

Ar y fferm helpai gyda'r gwaith a'r ffurflenni Saesneg a ddeuai o'r *War Ag* gan weithio allan ganran y cnydau a orfodwyd gan reolau newydd y Llywodraeth. Ar ôl gorffen yr ysgol yn bymtheg oed dechreuodd weithio yng nghware Allt-goch ger Cwrtnewydd ond rhwng gwaith yn y cware a gorfod gweithio ar y fferm ar ôl dod adre, roedd yr oriau gwaith yn hir ac yn flinedig. Ym mis Gorffennaf 1945, ychydig cyn ei ben-blwydd yn ddwy ar bymtheg oed, penderfynodd ddychwelyd i Lerpwl. Gwirfoddolodd i ymuno â'r Llynges Frenhinol ar y 18fed o Orffennaf 1946 gan ddechrau ei yrfa ar HMS Raleigh yng Nghernyw. Bu ar *Aircraft Carriers* ac ar *Destroyers* yn y dwyrain pell o'i ganolfan yn Hong Kong. Cafodd brofiad o ymladd yn rhyfel Korea am naw mis.

Ar ôl gorffen ei saith mlynedd gyda'r Llynges a phedair blynedd arall gyda Chefnlu'r Llynges Frenhinol aeth i weithio gyda chwmni bisgedi Crawfords. Dechreuodd ar waelod yr ysgol ac ar ddiwedd ei yrfa roedd wedi dringo i safle *Plant Manager*. Bu farw ar 21 Mawrth 2011, yn 82 oed.

4

O Lerpwl i Bantglas

PENTREF BACH GWLEDIG yw Talgarreg, rhyw ddeuddeg milltir o Geinewydd a rhyw saith milltir o Landysul. Roedd 'nhad gartref ar wyliau byr o'r fyddin ym mis Gorffennaf 1941, ac ar yr ail o'r mis hwnnw, dyma fy nhad a minnau yn dechrau ar y daith hir o Lerpwl i Dalgarreg i ymweld â'm brawd. Hyd yn oed heddiw, dros saith deg mlynedd yn ddiweddarach, pan welaf drên stêm, daw'r atgofion am y diwrnod hwnnw yn ôl. Gallaf weld fy nhad yn ei ddillad *khaki* Royal Artillery, a'r mwg yn dod allan o simnai'r trên ac yn mynd heibio'r ffenest fel cymylau, ac weithiau arogli'r parddu hefyd.

Mwy na thebyg i 'nhad ddweud wrthyf fod Bill yn byw ar ffter ac y bydden ni'n aros yno hefyd, achos rwy'n gallu cofio'n iawn bob tro y gwelwn fuwch, ceffyl neu ddafad drwy ffenest y trên, byddwn yn gofyn, "Are we nearly there, Daddy? Are we nearly there?" Ar ôl cyrraedd gorsaf Aberystwyth, dyma ni'n mynd ar fws. Ar y ffordd, ym mhentref Llan-non, dyma'r bws yn aros a rhywun yn gofyn:

"Is there a Mr Warlow on board?"

Cododd 'nhad ar ei draed a dweud:

"Yes, I'm Mr Warlow."

Daeth dyn tenau i ddrws y bws a dweud:

"I am Tom Stephens, the Headmaster of Talgarreg School. I was supposed to pick you up at Synod Inn."

Mae'n debyg ei fod wedi dod i Lan-non i weld ei chwaer yng nghyfraith. Cawsom de a bara menyn a *Welsh Cakes* gyda'r wraig garedig yma, ac yna bant â ni yn y car. Dyma'r tro cyntaf i mi gofio teithio mewn car. Roeddwn wedi bod mewn tramiau, bysiau, trenau, bysiau troli a fferi, ond nid mewn car.

Ar ôl siwrne hir eto, dyma'r car yn stopio wrth ryw iet a heol gart yn fwd i gyd yn dirwyn dros fanc noeth. Yna gwelais geffyl yn tynnu cart bach, ac yn y cart roedd dyn bach, byr o gorff, sigarét yn ei geg, cap fflat ar ei ben a gwên hawddgar i'n croesawu. Hwn oedd y ffermwr John Davies, Pantglas. Fel 'Wncwl' y deuthum i alw'r dyn hoffus hwn, ond bu'n fwy o dad i mi na fy nhad fy hunan. Mynd yn y cart dros y banc ac yna dechrau disgyn ac yno yn y cwm prydferthaf, yn llawn ffawydd tal, roedd tŷ fferm Pantglas. Tŷ fferm gwyngalchog gyda rhosyn pinc persawrus yn tyfu wrth y drws.

I mewn â ni drwy'r gegin fach heb ddim llawer ynddi ond bord a stôl neu ddwy, ac yna sylwais ar y lle tân. Credais fy mod mewn tŷ hen wrach! Tân gwastad ar y llawr a hen grochan mawr du yn hongian wrth graen a thegell mawr du yn ffrwtian ar y ffender o flaen y tân. Yna i mewn i'r stafell nesaf ac roedd hon dipyn yn wahanol gan fod y lle tân hwn gyda ffwrn un ochr a boeler dŵr yr ochr arall. Roedd mat mawr o flaen y tân a sgiw un ochr a chadair freichiau yr ochr arall. O flaen y ffenest roedd bord fawr a chwe chadair, rhedynen mewn pot mawr crwn yn y ffenest, ac yn wynebu'r ffenest y dreser bertaf a welsoch erioed yn llawn o lestri te lliwgar. Roedd hen ddesg fawr dderi mewn un cornel a dau lew oren arni ac o dan y llofft roedd cig moch yn hongian wrth drawstiau'r nenfwd. Yna amser bwyd, lliain gwyn fel eira ar y ford, a'r bara menyn teneuaf a'r mwyaf blasus a gefais erioed.

Dyma 'mrawd yn gofyn i mi a oeddwn wedi blino:

"Aren't you tired?"

Erbyn hyn roeddwn wedi anghofio am fy

mlinder ac felly allan â ni'n dau. Rwy'n gallu cofio'r arogleuon cyntaf, arogl dom anifeiliaid o'r domen, arogl sur o'r twlc mochyn. Roedd iâr neu ddwy a'u cywion bach yn clwcian, ceiliogod yn cerdded yn benuchel o gwmpas ac yn gwneud rhyw gamau bach od i'r ochr wrth gwrso'r ieir, hwyaid a gwyddau yn nofio ar y llyn, ac roedd un aderyn od iawn yn galw arnaf, "Come back, come back!"

Roedd da yn pori yn y cae ger y tŷ a dau geffyl mawr yn sefyll â'u pennau yn hongian dros yr iet. Yn sydyn dyma'r ieir yn clwcian yn uchel ac yn gwasgaru eu hadenydd, a'r cywion bach yn rhedeg i guddio, oherwydd uwchben hofranai'r cudyll coch.

"C...y...w! C...y...w!" galwai wrth droi o gwmpas mewn cylch uwchben y clos. Cefais lawer hunllef wedi hyn, ac yn fy hunllefau gwelwn yr hen gudyll coch yn hofran yn fygythiol uwchben. Yn ôl yr hen Ddoctor Griffiths, Llandysul, roedd y cudyll yn fy atgoffa o awyrennau'r Almaenwyr.

"Come and see the rabbits," meddai Bill. Gadael y clos a cherdded rhwng dwy res o goed ffawydd tal. Erbyn hyn roedd yn llwydnosi ac yn amser da i weld cwningod, ac roedd yr olygfa yn syfrdanol. Gyda'r cloddiau roedd dwsinau o gwningod a'u clustiau hir. Cripian ymlaen yn dawel, yn nes ac yn nes, ond roedd un wedi ein gweld ac yn rhybuddio'r lleill trwy daro ei thraed ôl ar y llawr. Cyn pen chwinciad roedd y cae yn fyw gan gwningod a'u cynffonnau bach gwyn yn tasgu i fyny ac i lawr, ac o fewn eiliadau, roedd pob un yn ddiogel yn ei thwll. Yna 'nôl i'r fferm ac i'r gwely.

Ar y dydd Llun, dyma 'nhad yn dweud, "Well Barbara, it's time to go now or we'll miss the train."

"I'm not going back to Liverpool," atebais, "I'm going to stay in Wales with Bill." Ac es i byth 'nôl i Lerpwl i fyw.

O sôn am 'guryll' neu 'cudyll' daw i'm cof achlysur arall. Noson stormus oedd hi a ni'n pedwar yn eistedd o flaen y tân ym Mhantglas. Wncwl yn ôl ei arfer yn darllen llyfr a'i draed ar y ffender o flaen y tân. Anti yn gwau hosan a finnau a Bill, fy mrawd, yn darllen. Yn sydyn dyma gnoc ar ddrws y gegin fach.

"Wel, pwy sydd yna ar noson mor arw?" gofynnodd Anti.

Aeth Wncwl i agor y drws. Fe glywon ni sŵn siarad a ninnau'n tri yn clustfeinio, ond heb ddeall dim o'r sgwrs.

"Who is it Aunty?" gofynnodd Bill.

"I'm not sure, but it sounds like Ianto Curyll!" atebodd hi gan ostwng ei llais rhag i'r person dieithr ei chlywed.

"Curyll!" dywedodd Bill yn uchel! "Curyll! How can a man be called a curyll? A curyll is a bird!"

Mae'n debyg mai Ianto Curyll oedd yr enw a alwai pobl y person hwn a ddes i byth i wybod pwy oedd yno na pham roedd e wedi galw y noson honno.

5

O Ysgol Clint Road i Ysgol Talgarreg

Roedd gennym ni'r faciwîs athrawes ein hunain. Miss Skinner oedd ei henw ac fe ddaeth o Lerpwl gyda'r faciwîs. Roedd hi'n aros yn Glennydd gyda Capten Beaufort a Mrs Williams. Cofiaf amdani fel dynes weddol dal, denau, gyda gwallt tywyll a gwisgai sbectol. Edrychai ar ein hôl yn dda. "My children!" fyddai hi'n ein galw ni a gwae i unrhyw un o'r Cymry ein niweidio mewn unrhyw ffordd, fe fyddai hi wedi mynd at Stephens yn go glou i achwyn!

Roeddwn i'n gallu darllen cyn mynd i Ysgol Talgarreg er mai ond newydd droi yn bump oed oeddwn i. Pan ddeallodd Miss Skinner hyn dyma hi'n fy nanfon i ddysgu rhai o'r plant oedd ychydig yn hŷn na fi, waeth fi oedd yr ifancaf o'r faciwîs, er 'mod i bron yn siŵr bod Derek Williams, faciwî Ffatri, ychydig yn iau. Daeth i lawr fel faciwî yn ifanc iawn am fod ganddo chwaer hŷn yn aros yn Ffatri hefyd.

Rwy'n cofio llythrennau'r wyddor Saesneg mewn rhes ar y wal o dan y ffenest, a finnau gyda riwler fechan yn fy llaw yn pwyntio at y llythrennau yn eu tro ac yn dweud, "Letter 'A' (enw) says 'a' (sŵn), letter 'B' says 'b'" ac yn y blaen a'r plant yn dweud ar fy ôl. Do, fe ddechreuais ddysgu bod yn athrawes yn ifanc iawn! Roeddwn wrth fy modd yn darllen a phob cyfle gawn i, fe fyddwn yn mynd i ryw gornel i ddarllen pan ddylwn fod yn gwneud rhyw dasgau eraill.

Druan o Miss Skinner! Rwy'n siŵr fod ganddi dasg anodd iawn yn dysgu plant o bump i bedair ar ddeg oed. Newydd gael fy mhumed pen-blwydd oeddwn i ac roedd Bill fy mrawd wyth mlynedd yn hŷn na mi ac rwy'n credu bod Leslie Higham, faciwî Llawrcwrt a Roy Woodwood, Pantybryn ychydig yn hŷn wedyn. Roedd Bill a Leslie wedi 'laru ar fod yn nosbarth Miss Skinner waeth roedd hi'n dueddol o'u dysgu fel babanod, a'r ddau yn dipyn o sgolers ac o oed ysgol uwchradd. Bob dydd fe fyddai'r ddau yn cael eu hanfon at Stephens am gamfihafio a bob dydd fe fydden nhw'n cael stŵr ac weithiau'r gansen. Un dydd dyma Stephens yn troi at Bill ac yn gofyn iddo:

"Why do you misbehave like this every day?"

"Well," atebodd Bill "I know then that I'll be sent to your class."

"Is that what you want?" meddai Stephens.

"Yes, I prefer being in your class," atebodd Bill. Ac o'r diwrnod hwnnw yn nosbarth Mr Stephens y bu Bill a Les.

Stephens ei hun ddywedodd hyn wrthyf flynyddoedd yn ddiweddarach ac roedd mor falch o'r ddau. Dywedodd sawl gwaith wrthyf ei bod yn drueni na chafodd Bill y cyfle i fynd ymlaen â'i addysg fel y cefais i am ei fod yn dipyn o sgoler. Profodd Bill hynny flynyddoedd lawer ar ôl hyn pan lwyddodd ei Lefel O mewn Mathemateg ar ôl dim ond deuddeg gwers, a'r flwyddyn ganlynol llwyddodd ei Lefel O mewn Iaith Saesneg ar ôl yr un faint o wersi ac yntau dros ei hanner cant oed ac wedi gadael yr ysgol yn bedair ar ddeg oed.

Roedd y plant hŷn oedd yn nosbarth y prifathro, Mr Stephens, yn cael gwersi amrywiol iawn. Un o'r gwersi fyddai'r bechgyn hynaf yn ei gael oedd *Mechanics*. Bydden nhw'n tynnu car Stephens yn ddarnau ac yna ei roi yn ôl at ei gilydd. Dywedodd Leslie, faciwî Llawrcwrt, wrthyf ymhen blynyddoedd, iddo ddysgu mwy am injan yn Ysgol Talgarreg nag a ddysgodd yn ei yrfa fel peiriannydd ar longau!

Fe gawson ni ein dysgu sut i arddio, palu a hau a chwynnu, a phan fyddai'r ffrwythau'n aeddfed, fe fydden ni, pan nad oedd neb yn ein gweld, yn eu sgwlcan, yn enwedig y mefus a'r gwsberis. Fe gawson ni ein rhybuddio un tro, gan y Prifathro, os byddai *un fefusen* wedi'i bwyta y bydden ni i gyd yn cael y wialen, a beth wnaethon ni ond bwyta'r gwsberis i gyd! A bu llawer un â bola tost y diwrnod hwnnw! Dro arall bu rhywrai yn dwyn afalau a dim ond un afal oedd ar ôl ar y goeden. Rhybudd arall y byddai gwialen os byddai'r afal hwnnw'n cael ei dynnu.

"Does neb i dynnu'r afal sydd ar ôl," oedd siars Stephens.

Drannoeth pan aethon ni i'r ardd, y lle cyntaf i bawb edrych arno oedd y goeden afalau. Oedd, roedd rhywun wedi llwyddo i fwyta'r afal heb ei dynnu oddi ar y goeden! Tipyn o gamp ddywedwn i!

Roedden ni'r merched yn cael gwersi coginio gyda Miss Thomas, Greengrove. Cofiaf yn dda am ddwy wers yn arbennig. Yn ystod un o'r gwersi ein gorchwyl oedd gwneud *Queen of Puddings*. Rhoi'r briwsion bara, melynwy a'r llaeth a'r siwgr mewn dysgl a'i roi yn y ffwrn. Tra bod y pwdin yn coginio, ein gorchwyl oedd curo'r gwynwy i wneud y *meringue* ar y top. Curo a churo a churo'r gwynwy â chyllell nes ei fod yn ffrotho. Curo eto nes ei fod yn tewhau digon i ddal ei siâp ac yn sefyll yn bigau fel mynydd bach. Mor falch oeddwn i mai fy ngwynwy i oedd y cyntaf i ddod yn barod. Ond O! yn fy nghyffro, llithrodd y plât o'm llaw a thorri'n deilchion ar y llawr a'r gwynwy dros y lle i gyd. Cyfnod y *rations* oedd hi ac roedd wyau'n brin iawn. Chwarae teg i Miss Thomas, cefais wynwy arall a bu pob un o'r merched yn curo'r gwynwy, pawb yn eu tro, er mwyn fy helpu, waeth roedd hi'n dasg flinedig iawn.

Gwers arall a gofiaf yw gwneud *Bunloaf without Fat*. Adeg y rhyfel roedd rhai cynhwysion yn brin iawn, pethau fel menyn, lard, marjarîn a siwgr, ac fe fyddai llawer o ryseitiau wedi cael eu haddasu gan adael rhai o'r cynhwysion hyn allan. Cyn dechrau'r wers fe gasglodd Miss Thomas ni o gwmpas y ffwrn baraffin. Roedd hyn eto yn newydd i lawer ohonon ni gan mai tân glo oedd yn twymo'r ffwrn oedd gan bron pawb gartref. Fe ddangosodd i ni fod tair silff i'r ffwrn ac mai'r silff ganol oedd yr orau i goginio am y byddai'r silff dop yn rhy dwym ac yn dueddol o losgi top y gacen; a'r silff waelod yn rhy oer a byddai tuedd i'r gacen beidio â chrasu drwyddi. Doedd dim thermostat ar ffyrnau slawer dydd ac felly rhaid oedd byw mewn gobaith y byddai gwres y ffwrn yn iawn.

Wel, dyma ni'n mynd ati i wneud y *bunloaf* a rhoi'r cymysgedd yn y tun. Yna er mwyn bod yn deg â phawb dyma Miss Thomas yn tynnu blewyn cwta. Rhoddodd ddarnau o bapur mewn bowlen â 'C' am canol, 'T' am top a 'G' am y gwaelod arnyn nhw. Fe ddewisodd pob un ddarn o bapur o'r fowlen a ches siom fawr pan dynnais allan y papur â 'T' am top gan y tybiwn y byddai fy nghacen yn llosgi. Ond O! y llawenydd wrth dynnu'r gacen allan a gweld fy nghacen i wedi codi fel copa crug Crugyreryr ac yn frown neis, heb losgi. Mor falch y teimlwn wrth roi'r *bunloaf* ar y ford amser te ac Wncwl ac Anti yn fy nghanmol am wneud cacen mor flasus ac wedi crasu i berffeithrwydd. Bu'r rysáit hwn yn ffefryn gyda ni ym Mhledrog adeg y rhyfel a hyd yn oed ar ôl hynny, ac fe fyddaf yn ei gwneud o dro i dro hyd heddiw.

Yn yr hydref bydden ni'r plant yn mynd mas i gasglu mwyar duon. Ar ôl dod nôl â'r ffrwythau i'r ysgol bydden ni'r merched yn helpu i bilio'r afalau. Wedyn fe fyddai'r gogyddes, Jane Graig, yn gwneud jam mwyar ac afalau, a dyna i chi jam blasus iawn i'w roi mewn bowlen o semolina! Roedd rhyw beiriant bach defnyddiol ar gyfer pilio'r afalau yn yr ysgol, ac fe fyddai llawer o ddadlau ymysg ni'r merched pwy fyddai'n cael defnyddio'r teclyn! Gwthio darn tebyg i hoelen fawr i mewn i ganol yr afal ac yna fe fyddai llafn fel cyllell yn pwyso ar y ffrwyth. Wrth droi'r handlen fe fyddai'r afal yn troi rownd a rownd a chroen yr afal yn dod i ffwrdd yn un rhuban hir. Os na fyddai'r athrawes yn ein gwylio bydden ni'n taflu'r croen i'r llawr, ac os gwnâi siâp tebyg i lythyren o'r wyddor wrth ddisgyn e.e. llythyren 'S' yna bydden ni'n pryfocio ein gilydd drwy ddweud ein bod yn caru 'Sam' neu 'Siôn' neu 'Siencyn'. Yn rhyfedd iawn fe welais declyn tebyg i hwn ar un o raglenni coginio ar y teledu yn ddiweddar, ac mae'n debyg bod siop Lakeland yn ei werthu.

Ysgol Talgarreg oedd un o'r ysgolion cyntaf i wneud cinio ysgol, ac er mai cawl fydden ni'n ei gael bob dydd roedd yn flasus iawn ac yn llawer gwell nag aildwymo hen de oer mewn stên a bwyta brechdanau wedi sychu. Doedd dim sôn am ffoil a *clingfilm* i gadw bwyd yn ffres yr adeg hynny.

Arferai Stephens fynd i angladdau lleol a mynychu cyfarfodydd Pwyllgor Addysg Sir Aberteifi yn rheolaidd, fel cynrychiolydd Undeb yr Athrawon. Ar yr adeg yma ni fyddai neb yn gwarchod y plant hŷn, felly gallwch ddychmygu'r rhialtwch a'r drygioni oedd yn mynd mlaen yn ei absenoldeb.

Un tro, bu'r plant yn cynnal gwasanaeth

angladdol yn y dosbarth a John Beaufort Williams oedd yr ymadawedig. Gan nad oedd arch iddo fe'i rhoddwyd yn barchus ar ddesg Stephens, ei ddwylo ar draws ei frest a macyn dros ei wyneb. Yna fe ddechreuwyd ar y gwasanaeth: sŵn wylo a galaru; sŵn canu a phregethu a gweddïo; llawer o sgrechen ynghyd â chwerthin afreolus. Yn sydyn dyma ddrws y stafell yn agor a Stephens yn llamu i mewn. Fflachiai ei lygaid ac roedd ei wyneb yn ffyrnig. Sgathrodd pob un nôl i'w ddesg ond daliodd Stephens yr un agosaf ato a Jimmy Ddolwilym druan gafodd gosfa am gamweddau'r lleill i gyd.

Pan fyddai Stephens i ffwrdd fel hyn rwy'n cofio y bydden ni'n cael rhyw fath o ddawns ryfel Indiaid Cochion o gwmpas ei ddesg. Pob un yn mynd o gwmpas gan ddawnsio a gweiddi, codi ein breichiau i fyny a gyda bobo riwler yn ein dwylo yn dod â'r riwler lawr glatsh ar y ddesg. Wrth gwrs, roedd ambell riwler yn torri ac fe fydden ni'n taflu'r darnau tu ôl i'r cwpwrdd llyfrau tal oedd yn y stafell.

Flynyddoedd lawer wedyn pan oeddwn yn fyfyrwraig ar Ymarfer Dysgu yn Nhalgarreg, penderfynodd Stephens un diwrnod i fynd ati i glirio'r cwpwrdd.

"Man a man i ni symud y cwpwrdd a glanhau tu ôl iddo. Dyw e ddim wedi cael ei symud oddi ar i fi ddod yma!"

Pan glywais i hynny roeddwn i'n gwybod beth oedd tu ôl i'r cwpwrdd. Ie! dwsinau o ddarnau riwler! Es i'n goch fel bitrwt. Pan welodd y pentwr o ddarnau pren, safodd ac edrychodd yn syn a dywedodd:

"Sut yn y byd daeth rhain fan hyn?"

Fe ddywedais wrtho â'm calon yn curo fel gordd yn fy mynwes, sut y bydden ni'r plant yn dawnsio fel Indiaid Cochion pan fyddai ef yn y cyfarfodydd. Roeddwn i'n disgwyl cael pregeth ond chwarae teg iddo, chwerthin wnaeth e.

Cofiaf hefyd i un bachgen, a hwnnw'n fachgen amddifad o un o gartrefi plant, ddod â siec i'r ysgol. Roedd am ddangos i ni fod digon o arian ganddo, hynny ar ôl clywed un disgybl yn brolio bod digon o arian ganddo ef, ond roedden ni'n gwybod mai siec ei rieni maeth ydoedd. Pan glywodd Stephens am hyn aeth yn wyllt gan ddweud wrth y bachgen y byddai'n rhaid iddo alw'r heddlu am ei fod wedi dwyn y siec. Aeth y bachgen yn lloerig gan sgrechen a gweiddi y byddai'n well ganddo ladd ei hun na wynebu'r heddlu. Gyda hyn ceisiodd gydio mewn corden oedd yn agor y ffenest. A dyma Stephens yn cydio yn y gorden a'i roi yn nwylo'r bachgen gan ddweud wrtho:

"'Co ti, croga dy hunan â hwnna!"

Ac ni fu'r crwt fawr o dro cyn tawelu!

Cofiaf hefyd un tro i ni gael myfyrwraig i'n dysgu ac un prynhawn, yn ôl ei arfer, aeth Stephens i ryw bwyllgor yn Aberaeron. Darllen oedd ein tasg am y prynhawn, ond pan ofynnodd un o'r plant am gael llyfrau o'r cwpwrdd llyfrau, gwrthododd hithau a gorfod i ni ddarllen y gwerslyfrau oedd gennym yn ein desgiau a ninnau wedi'u darllen droeon. Doedd hi ddim yn hir cyn i'r dosbarth fynd yn aflonydd ac allan o reolaeth, waeth roedd y fyfyrwraig yn hollol ddibrofiad. Roedd rhai plant yn rhoi pwt i'r plentyn eisteddai o'u blaen; rhai yn gwneud peli bach, bach o bapur a'u taflu at ryw blentyn arall; rhai yn ysgrifennu rhywbeth dwl ar ddarn o bapur a'i basio yn llechwraidd i rywun gerllaw. Hwnnw wedyn yn ei ddarllen ac yn cael pwl o chwerthin.

Cydiais innau mewn pen inc oedd ar y ddesg, yna cydiais mewn cudyn o wallt tu blaen a rowliais y gwallt rownd a rownd y pen. Roedd Mari Ddolwilym yn eistedd wrth fy ochr a gwnaeth hithau yr un peth. Eistedden ni'n dwy â'r pen inc o'r golwg yn y gwallt yn esgus darllen. Bob hyn a hyn dadrowlio'r pen inc a chael gweld sut oedd y cyrls yn datblygu. Dim digon cyrliog, felly nôl â'r pen inc a'r gwallt o'i amgylch, a Mari a fi'n cael ambell bwl o chwerthin nes ein bod yn goch. Pan ddaeth yn amser chwarae gorfod i ni dynnu'r pen inc yn rhydd a dyna lle'r oedd y ddwy ohonon ni â dau gwrlyn fel dwy sosej ar draws ein talcen. Ac ar yr union adeg honno digwyddodd Stephens ddod nôl. A phan welodd e'n gwallt ni dyma fe'n mynd yn benwan a dechrau gweiddi:

"A 'na beth ŷch chi'ch dwy wedi bod yn gwneud drwy'r prynhawn!"

Rhagor o bregethu a bygwth dweud wrth ein rhieni, a ninnau'n gwybod y bydden ni'n cael rhagor o gosb ar ôl cyrraedd adref. Ond yr unig gosb a gawsom oedd colli amser chwarae am ddiwrnod, ac roedd hynny'n ddigon o gosb i ni ymddwyn yn yr ysgol wedi hyn.

Rhaid i mi gyfaddef na ches i ddim llawer o stŵr yn yr ysgol. Roeddwn yn un o'r bobl hynny oedd yn ddigon lwcus i allu dysgu'n rhwydd. Roeddwn yn gallu ysgrifennu traethawd yn rhwydd; doedd sillafu ddim yn broblem o gwbl; roedd gennyf gof da a gallwn gofio darnau o farddoniaeth, salmau a darnau helaeth o'r Beibl yn ddiffwdan. Gallwn hefyd ymdopi â symiau yn iawn, adio, tynnu, lluosi a rhannu, rhannu hir, lluosi hir, *method of unity*, ffracsiynau, ond peidiwch sôn wrtha i am *Problem Solving*!

Faint ohonoch chi sy'n cofio am y problemau dwl, cwestiynau fel:

A bath holds 12 gallons of water. Tap A fills the bath at the rate of 3 gallons per hour. Tap B fills it at the rate of 2 gallons per hour. But there is no plug in the bath and the water drains away at the rate of 1 gallon per minute. How long will it take to fill the bath?

Glywsoch chi gwestiwn mor ddwl? Pwy yn ei iawn bwyll fyddai'n ceisio llanw'r bath heb blwg? Un arall:

A man ploughs a 5 acre field in 4 days working 8 hours every day. How long will it take 2½ men to plough an 8 acre field if they work 6 hours a day?

Pwy glywodd am hanner dyn, er wedi dweud hynny fe glywyd am ysgolion yn cyflogi athrawon am 2½ diwrnod!

Roedd Stephens wedi gofyn i mi sefyll arholiad *scholarship* pan oeddwn yn ddeg oed ac fe wrthodais innau. Gofynnodd eto y flwyddyn ddilynol ac atebais innau nad oeddwn yn mynd i sefyll yr arholiad ac nad oeddwn am fynd i Ysgol Sir Aberaeron. Y gwir reswm am hyn oedd nad oedd fy ffrind gorau, Mari Ddolwilym, yn bwriadu sefyll yr arholiad, ac mae'n rhaid cyfaddef na fu unrhyw gefnogaeth gartref.

"Wel, blwyddyn nesaf bydd pawb yn mynd i Ysgol Aberaeron, felly man a man i chi dreio amdani," meddai Stephens. (Dyma'r adeg yr aildrefnwyd addysg uwchradd a phan ddaeth y *Secondary Modern* i fodolaeth.) Felly perswadiodd fi i wneud yr arholiad. Yn Ysgol Ceinewydd y cynhaliwyd yr arholiad. Diwrnod cyfan o arholiad ac athrawon hollol ddieithr yn ein harolygu. Aeth profion y bore yn ddigon da ar wahân i'r 'problemau' ym Mathemateg. Amser cinio aeth Violet Beckett (faciwî Green Grove, ac a oedd flwyddyn a rhagor yn hŷn na fi) a fi am dro o amgylch Ceinewydd. Roedd hi'n ddiwrnod braf a cherddon ni'n dwy ar hyd Rock Street ac yno gwelson ni barot lliwgar mewn caets wrth ddrws rhyw dŷ. Wrth i ni basio dyma'r hen barot yn dechrau siarad.

"Pretty Polly, Pretty Polly."

A dyma ni'n dwy yn aros a'r hen barot yn dweud y pethau rhyfeddaf ac yn rhegi bron bob yn ail air! Wrth i ni ddechrau cerdded i ffwrdd dyma fe'n sgrechen "B----- off! B---- off!" Doedd dim syniad gan yr un ohonon ni faint o'r gloch oedd hi am nad oedd plant yr oes honno yn cael oriawr hyd nes eu bod yn dechrau gweithio. Rhedeg nôl am yr ysgol nerth ein traed ac yno yn ein disgwyl roedd dyn dieithr. Fe oedd ein harolygwr am y prynhawn. Roedd yn amlwg yn grac iawn ein bod yn hwyr a chadwodd ni tu fas yr ysgol yn dweud y drefn ac yn bygwth ein hatal rhag sefyll yr arholiad. Erbyn hyn, roeddwn yn fy nagrau ac yn dweud "Sorry Sir!" bob hyn a hyn. Yn y diwedd gadawodd i ni sefyll yr arholiad er 'mod i wedi fy nghyffroi gan y bregeth! Fe ddes i i adnabod yr athro hwn fel 'Jones Bach'. Fe oedd Pennaeth yr Adran Saesneg yn Aberaeron. Roedd yn ddisgyblwr llym ond eto yn athro gwych ac fe ddes i ymlaen yn dda dan ei ddysgeidiaeth.

6

Plentyndod ym Mhantglas

P AN ES I i Ysgol Talgarreg, un o'r pethau y sylwais arno oedd bod pawb bron yn gwisgo clocs, a chlocsiau fyddai'r rhan fwyaf o wragedd ffermydd yn eu gwisgo hefyd. Ar ôl cyrraedd adref o'r ysgol un o'r cwestiynau y byddwn yn ei ofyn bron yn feunyddiol oedd:

"Please, Aunty, can I have a pair of clogs?"

Un diwrnod pan ddes i adref roedd Anti a Wncwl wrth y ford yn barod i gael te. Roedd yn amlwg bod Wncwl wedi bod yn rhywle oherwydd doedd e ddim yn gwisgo'i ddillad gwaith na'i ddillad dydd Sul, ond y trowsus a'r siaced a wisgai i fynd i'r mart.

"Come and have tea," meddai Anti. Es at y ford a thynnu'r gadair allan ac ar y sedd gwelais gwdyn brown.

"Is it for me?" gofynnais.

"Yes," meddai Wncwl.

"What is it?" gofynnais eto.

"Open it!" meddai Wncwl.

Agorais y cwdyn papur brown ac ynddo roedd pâr bach o glocsiau coch, y rhai pertaf a welais erioed.

"O! Thank you! Thank you!" gwaeddais.

Tynnais fy esgidiau i ffwrdd a gwisgais y clocs am fy nhraed. Dawnsiais, neidiais a rhedais yn ôl ac ymlaen o'r gegin fach, trwy'r gegin, trwy'r pasej i'r parlwr, ac yn ôl i'r parlwr, trwy'r pasej, trwy'r gegin i'r gegin fach! Yn ôl ac ymlaen, yn ôl ac ymlaen er mwyn clywed y sŵn clic, clac, clic, clac a wnaent ar y llawr o lechi glas. A dyna wnes i tra bod Anti a Wncwl mas yn godro ac yn gorffen eu gwaith ar y clos. Clic! Clac! Clic! Clac! Ar y teils glas! Doedd dim byd yn well na chlocs i gadw'r traed yn sych ac yn gynnes ac yn esmwyth hefyd, ac yn sicr doedd dim byd cystal am sglefrio ar yr iâ.

Pan fyddai'n rhewi'n galed byddai rhai o'r plant hŷn yn Ysgol Talgarreg yn gofyn i Mr Stephens, y Prifathro, am ganiatâd i arllwys dŵr lawr o doiledau'r bechgyn i'r iard. Roedd yr iard yn goleddu lawr o'r toiledau tuag at yr heol ac felly'n ddelfrydol i wneud sleid. Ar ôl cael caniatâd gyda Mistir bydden ni'n mynd ati i greu sleid o iâ. Byddai'r dŵr yn rhewi'n gorn tra bydden ni yn y dosbarth wrth ein gwersi, ac ar ddiwedd pob amser chwarae fe fydden ni'n arllwys rhagor o ddŵr dros y sleid.

Weithiau câi rhai o'r plant oedd yn byw yn y pentref, megis Len Preswylfa, ganiatâd i ddod i'r ysgol ar ôl iddi gau i arllwys rhagor o ddŵr ar y sleid. Dyna hwyl fydden ni'n ei gael! Weithiau yn dod lawr bob yn un, a'r plant oedd yn gwisgo clocs yn medru sglefrio i lawr o'r top i'r gwaelod yn hawdd. Deuai'r bechgyn lawr yn eu hyrfa gan sefyll ar eu traed tra byddai llawer ohonon ni'r merched yn dod lawr ar ein cwrcwd gan fod arnon ni ofn cwympo. Weithiau fe fydden ni'n gwneud llinell hir, un tu ôl i'r llall gan gydio yn dynn am ganol yr un tu blaen iddo, a lawr â ni fel neidr hir. Gallai hyn fod yn beryglus iawn oherwydd gallai'r un oedd yn olaf gael ei daflu'n rhydd a'i luchio yn erbyn y wal.

Na, doedd dim byd yn well na phâr o glocs a chofiaf yn dda ymhen blynyddoedd wedyn i'r hen Ddoctor Griffiths ddweud wrth Anti am ofalu gwisgo clocs am ei thraed am ei bod yn dioddef o asthma a broncitis. Bu'n gwisgo clocs am flynyddoedd ar ôl i bawb arall ddechrau gwisgo esgidiau; ond aeth y clocs yn bethau prin iawn a doedd dim posibl eu prynu yn unman.

~

Roedd rhyw filltir a hanner neu fwy o Bantglas i Dalgarreg, a phob dydd, glaw neu hindda, fe fyddai Bill, fy mrawd, a finnau'n cerdded i'r ysgol fel pob plentyn slawer dydd. Un dydd methodd Bill ddod. Dw i ddim yn cofio pam, efallai ei fod yn sâl neu'n gorfod aros gartref i weithio ar y ffarm. Doeddwn i erioed wedi cerdded ar fy mhen fy hun i'r ysgol ac yn ddagreuol dyma fi'n dweud wrth Anti 'mod i'n ofni cerdded i'r ysgol heb gwmni.

"Take Prince with you," meddai Anti. (Prince oedd fy nghi ffyddlon.)

"But what will Prince do when I'm in school?" gofynnais i.

"He'll come home by himself," meddai Anti.

"But he'll get lost," atebais innau.

"No, he won't," eglurodd Anti "every dog can find his way home."

Felly rhoddwyd corden am wddf Prince a finnau'n ei arwain dros fanc Gelli-hen, lawr heibio Rhydyrhaearn, lawr rhiw'r Esger i'r pentref ac i mewn i iard yr ysgol. Gollyngais Prince yn rhydd a cheisio ei erlid adre, ond aros wnaeth Prince i chwarae gyda'r plant nes iddyn nhw fynd mewn i'r ysgol.

Digwyddodd yr un peth sawl diwrnod yn olynol ac erbyn diwedd yr wythnos doedd dim eisiau rhoi corden am wddf Prince oherwydd roedd wrth ei fodd yn fy hebrwng i'r ysgol. Cyn hir roedd Prince yn dod lawr i'r ysgol erbyn amser chwarae prynhawn hefyd ac os byddai'n bwrw glaw fe fyddai'n cysgodi yn y *cloakroom* lle byddai'r plant yn cadw eu cotiau, a chwarae teg i Stephens roedd yn gadael iddo aros yno! Oedd, roedd Prince a fi yn ffrindiau mawr.

Un dydd, daeth dyn dieithr i glos Pantglas, dyn o'r enw Dai Capel. Credaf ei fod yn dod o ardal Ffostrasol ac er mai ychydig o Gymraeg oedd gennyf deallais mai wedi dod i brynu ci roedd e. Yn y diwedd dyma daro bargen, â Wncwl yn cael chweugain am Prince. Yna i mewn â nhw i'r tŷ i gael te a finnau erbyn hyn yn fy nagrau wrth feddwl am ei golli. Cydiais mewn corden, ei roi am wddf y ci a lan â fi i un o'r caeau oedd yn ffinio â Meinigwynion Bach ac yno clymais Prince yn sownd wrth gropyn eithin. Gadewais ef yno, ac yntau'n gwneud sŵn bach cwynfanus wrth fy ngweld yn mynd. Yn ôl â fi i'r clos yn hollol ddiniwed. Yn y man dyma Wncwl a Dai Capel yn dod mas o'r tŷ a Wncwl yn galw ar Prince ond doedd dim sôn amdano yn unman.

"Na beth od, dyw e byth yn mynd o'r clos," dywedodd Wncwl.

Yna dyma fe'n troi ata i a gofyn i fi a oeddwn wedi gweld Prince. Allwn i byth ddweud celwydd a dywedais wrtho 'mod i wedi ei glymu wrth gropyn eithin mewn rhyw gae. Ar ôl ceisio fy mherswadio i ddweud ym mha gae a finnau'n gwrthod o hyd, dyma Dai Capel yn cynnig hanner coron i fi ond gwrthodais yn bendant.

"You can't sell him! He's MY Prince!" meddwn i wrth Wncwl.

Ceisiodd Wncwl a Dai Capel fy nghael i newid fy meddwl, ond dim o gwbl. Yna tynnodd Wncwl y papur chweugain mas o'i boced a dweud:

"If you get Prince, I'll give you the ten shillings." Roedd yr arian yn ormod o demtasiwn! Ac es innau i hôl Prince a derbyniais y papur chweugain.

Y Sul canlynol, y stori yn yr Ysgol Sul oedd stori Jiwdas Iscariot yn gwerthu'r Iesu am ddeg darn ar hugain. Ac wrth i finnau gerdded adre drwy Rhyd-sais a Dolwen teimlwn innau fel Jiwdas wedi gwerthu fy ffrind gorau am ddeg swllt! Ac fel y gwnaeth Pedr gynt ar ôl gwadu'r Iesu fe wylais innau yn chwerw dost. Ond daliwn i fod yn ffyddiog y deuai Prince yn ôl. Onid oedd Anti wedi dweud, "Every dog will find his way home." Ond ddaeth e ddim.

Diwedd Prince druan oedd cael ei saethu am i ryw ffermwr ei gyhuddo o ladd defaid, ond rwy'n hollol siŵr na wnai Prince hyn, "not MY Prince!"

Ac roedd hyd yn oed Wncwl yn drist.

O sôn am werthu creadur, rwy'n cofio adeg pan oeddwn dipyn yn hŷn ac wedi symud erbyn hyn o Bantglas i Bledrog, ac yn siarad Cymraeg yn rhugl. Daeth Tom Davies Gwynionydd, *dealer*, i'r clos i brynu buwch neu lo neu rywbeth. Ar ôl i Wncwl ac yntau gytuno ar bris dyma fi'n gofyn i Tom Davies, Gwynionydd:

"Ydych chi eisiau gwas?"

Dw i ddim yn gwybod a oedd yn chwilio am was, ond ei ateb oedd:

"Pam? Ydych chi'n gw'bod am un?"

Atebais innau, "Fe wertha' i Wncwl i chi! Mae e'n gwerthu popeth sydd 'da ni!"

A chwarddodd Wncwl ac yntau!

Na, wnawn i byth ffermwraig, roeddwn yn rhy hoff o'r anifeiliaid.

~

Roedd yn arferiad adeg y rhyfel i gynnal cyngherddau o ddoniau lleol i'r bechgyn oedd yn y lluoedd arfog pan oedden nhw gartref ar wyliau a bu Bill, fy mrawd, yn canu mewn llawer o'r cyngherddau hynny. Cofiaf ran o un o'r caneuon hynny i groesawu Dic Rhyd-ddu, Gorsgoch adref. Wedi i Bill adael yr ysgol bu'n gweithio yng Nghware Allt-goch, Cwrtnewydd ac yn cydweithio gyda Dic am gyfnod.

Roedd y gân (o waith Evan Davies, Maespwll, Talgarreg) yn dechrau gyda'r llinellau:

Rhown groeso cynnes adref,
I Dici o Ryd-ddu,
Sydd erbyn hyn yn filwr
Hen gyfaill sydd mor gu.
Mi fûm yn gweithio'n ddiwyd
Am flwyddyn gydag ef,
Ac ni fu cystal partner
Erioed mewn gwlad na thref.

Dw i ddim yn cofio rhagor o'r gân ond fe'i canwyd ar y dôn 'Gwnewch bopeth yn Gymraeg'.

Bu Wncwl a Dês Ysgolddu hefyd yn casglu arian a gwerthu tocynnau i'r cyngerdd.

~

Un diwrnod cefais fynd gyda Dês a Wncwl yn y car. Ar ôl teithio am dipyn dyma ni'n aros tu fas i ryw adeilad. Aeth Wncwl a Dês mas o'r car a dywedodd Wncwl:

"You stay in the car. We won't be long."

"But can't I come too?" gofynnais.

"No you stay in the car," atebodd Dês.

"Where are you going?" gofynnais wedyn.

"We are going to... to buy a horse," meddai Dês.

53

"I can't see any horses!" meddwn innau.

"They keep them round the back," meddai Dês eto.

"Well why can't I come?" gofynnais eto.

"The horse is nasty and it kicks and bites," oedd ateb Dês.

"They don't sell horses here," dywedais.

Pwyntiodd Dês at yr arwydd oedd yn hongian wrth dalcen y tŷ, a dywedodd:

"Can you see that sign up there?"

"Yes," meddwn i.

"G – W – E – R – T – H - U   C – E – F – F – Y - L," sillafodd Dês.

"What is 'gwerthu'?" gofynnais.

"Sell!" meddai Dês. "They sell horses."

"We won't be long," meddai Wncwl.

A bant â'r ddau gan fy ngadael yn y car. Bûm yn y car am sbel ac erbyn hyn roeddwn yn dechrau blino bod ar fy mhen fy hun. Edrychais ar yr arwydd a dechreuais sillafu, G-W-A-R-C-E-F-E-L! ac er cyn lleied o Gymraeg oedd gennyf doedd hwnna ddim yn swnio'n debyg i 'gwerthu ceffyl'! Felly dyma fi allan o'r car. Gwelais fod drws y tŷ ar agor.

"Hello! Uncle! Uncle! Where are you?" gwaeddais.

"Who is your uncle?" gofynnodd gwraig y dafarn.

Ond cyn i mi gael cyfle i ateb daeth Dês mas i hôl fi. Yno roedd Wncwl a dau neu dri arall yn yfed cwrw a chyn pen dim roedd glasied o lemonêd yn fy llaw. Yn y man gofynnodd rhywun i fi a oeddwn yn gallu canu.

"Yes." meddwn i, a dyma fi'n canu:

"Oh! I'm a litle Welshgirl
A Welshgirl! A Welshgirl,
Oh! I'm a little Welshgirl
A Welshgirl am I."

Dechreuodd pob un guro dwylo ac estynnodd rhywun geiniog i fi. Gofynnwyd i fi ganu rhywbeth arall a dyma fi'n canu cân arall, ac un arall ac roedd y ceiniogau yn dal i ddod! Yn y diwedd gofynnodd rhywun i fi a allwn i ganu neu adrodd yn Gymraeg. A dyma fi'n canu 'Twll yn y Bwced'!

Roedd pawb yn dotio wrth glywed Saesnes fach bump oed yn canu yn Gymraeg! Curo dwylo!

"Sing it again!"

"Just once more!"

Ceiniogau yn disgyn! Curo dwylo! Rwy'n credu mai'r cwrw oedd yn siarad! Chwerthin iach, wynebau coch a rhagor o gwrw, rhagor o lemonêd! Canu'r darn eto ac eto. Doedd dim eisiau gofyn i mi ganu! Roeddwn wedi cael blas ar gasglu arian!

~

Byddai Anti, ble bynnag y byddai hi, yn casglu coed tân. Nid blocs coed ond yn hytrach frigau mân i ddechrau tân, a byddwn innau, yn naturiol, yn ei helpu. Lawer gwaith y dywedodd bod eithin crin yn dda i gynnau tân, a bod hen frigau eithin wedi hanner eu llosgi yn rhoi gwres da iawn. Weithiau byddai Bill a fi ar ein ffordd adref o'r ysgol yn casglu unrhyw frigau welen ni. Rwy'n cofio'n dda un prynhawn twym o haf a Bill a finnau yn cystadlu i gael gweld pwy gâi afael mewn darn o goed tân gyntaf. Doedd dim llawer i'w gael beth bynnag gan nad oedd fawr o goed yn tyfu ar y bencydd noeth. Ond y prynhawn hwn, wedi mynd heibio Rhydyrhaearn, ac yn nesáu at yr iet a arweiniai dros fanc Gelli-hen, dyma fi'n gweld darn o bren a edrychai fel brigyn o eithin wedi llosgi, yn ddu gydag ambell linell lwydwyn arno. Rhedais tuag ato gan weiddi:

"I saw it first! I saw it first!" a chadw llygad ar Bill rhag ofn iddo ei gipio o'm blaen. Ond pan oeddwn o fewn cwpwl o droedfeddi oddi wrtho fe symudodd y 'pren' a sylweddolais mai neidr ydoedd. Sgrechiais a rhedais nerth fy nhraed tuag at y stand laeth oedd ar ben yr heol. I mewn â mi drwy'r iet a Bill yn gweiddi ar fy ôl:

"It's all right now! The snake has gone. It won't come after you."

Ond ymlaen â mi a'm coesau bach fel jeli a'm

calon yn curo fel gordd yn fy mynwes. Ymlaen ac ymlaen, dw i ddim yn gwybod am ba hyd. Ond pan gyrhaeddais adre dyma fi'n dweud y stori wrth Anti a diweddu gyda'r geiriau:

"...and I ran for miles and miles and miles and miles!" fel pe bawn i wedi rhedeg marathon er nad oedd ond rhyw chwarter milltir o'r heol i glôs Pantglas.

~

Rwy'n cofio un gaeaf a'r eira wedi disgyn ac wedi rhewi'n gorn ac un o'n cathod ar goll, yr unig un a fyddai'n dod i'r tŷ. Roedd cymydog i ni yn gosod trapiau i ddal cwningod ar y clawdd ffin, ac roedd Wncwl yn siŵr fod y gath wedi'i dal yn un o'r trapiau. Wrth de deg un bore dywedodd ei fod e'n mynd draw i glawdd y ffin i chwilio amdani.

Pan oedden ni'n tri, Anti, Wncwl a fi, yn cael te wrth y ford dyma ni'n clywed "Miaw!" tu fas i'r drws. Codais a rhedais i agor y drws ac yno ar stepen y drws roedd y gath, ei choes flaen yn gam ac yn amlwg wedi torri'r asgwrn. Rhoddodd Anti fwyd iddi, ac ar ôl ei fwyta aeth hithau i gysgu o flaen y tân. Ar ôl iddi orwedd yno am sbel ac wedi cael digon o amser i ddadlaith yn iawn dyma hi'n codi a chawsom ni'n tri y fath ysgytwad wrth sylweddoli bod rhan o'i choes flaen yn eisiau! Dechreuais lefen ac roedd dagrau yn llygaid Anti a Wncwl hefyd. Cododd Wncwl hi lan a sylwon ni bod ei choes wedi torri drwyddi yn lân. Doedd dim gwaed na chlwyf, ac roedd yn amlwg bod y rhew wedi achub ei choes rhag troi'n llidus. Rhaid ei bod wedi dioddef yn ofnadwy rhwng y boen a'r oerfel, ond fe gafodd y gofal gorau gan y tri ohonon ni a bu Anti a finnau yn ei magu am yn ail drwy'r prynhawn. Fe wellodd yn iawn a bu fyw am flynyddoedd yn cerdded ar dair coes.

~

Roedd gan Wncwl ac Anti ddreser yn llawn o lestri pert iawn. Wncwl oedd wedi cael y dreser pan oedd tua phedair ar ddeg oed gan ei fodryb Catrin Frondeg, Mydroilyn, yn ogystal â thri chan punt. Dim ond y dreser gafodd Wncwl. Getta, ei chwaer, a gafodd y llestri ac mae'n ddiddorol cofnodi fan hyn nad oedd dim sôn am y llestri yn yr ewyllys am i Anti Catrin anghofio eu cynnwys. Prifathro Mydroilyn oedd wedi gwneud yr ewyllys a chyn iddi farw dywedodd wrtho am ei gamgymeriad, a'i dymuniad i Getta gael y llestri.

Pan fu farw cafodd Wncwl y dreser ac fe gafodd Getta y llestri, ar air y sgwlyn! Heddiw yn y dreser mae set o ddeuddeg o lestri te glas tywyll *Royal Albert*; set arall o ddeuddeg o lestri gyda phatrwm o liwiau brown golau, oren ac ychydig o las tywyll; set arall o chwech gydag aderyn paradwys yn pigo ffrwythau amryliw, y set yma wedi'i phaentio â llaw, a set o lestri *Gaudy Welsh* a gefais yn anrheg gan Mrs Morgan, gwraig Ted Morgan, yr athro a'r cyfeilydd enwog o Landysul. Ynghanol y dreser mae set o lestri cinio: tri phlât cig o wahanol faint, chwe phlât cinio, chwe phlât swper a chwe phlât brecwast, dau diwrin a jwg grefi.

Roedd y ddau gwpwrdd ar waelod y dreser yn llawn o'r llestri gorau a'r pedwar drâr yn y canol yn dal y llieiniau damasg gwyn, a rhai ohonyn nhw gydag ymyl wedi'i grosio. Pan fyddai pobl ddieithr yn dod i Bantglas fe fyddai Anti yn defnyddio'r llestri gorau. A pho bwysicaf y 'dynion dieithr' gorau i gyd fyddai'r llestri. Ar achlysuron fel hyn fe fyddwn i'n rhyfeddu mor bert yr edrychai'r ford gyda'r llestri lliwgar ar y lliain gwyn ac yn dweud hynny wrth Anti ond bob amser yn diweddu gyda'r geiriau:

"But you should see Mummy's fish dishes!"

Ond er i Anti geisio gennyf egluro beth oedd 'Mummy's fish dishes' yr unig ateb a gâi oedd:

"You know! Mummy's *fish* dishes!"

Yn 1957, pan oeddwn ar fy mlwyddyn olaf

yn y coleg yn Abertawe cefais alwad ffôn oddi wrth Wncwl yn dweud bod telegram wedi dod o Lerpwl yn dweud bod 'nhad wedi marw. (Cystal i mi gofnodi fan hyn mai un waith y bûm nôl yn Lerpwl oddi ar 1941, a hynny tua 1950.) Aeth Anti a finnau lan i Lerpwl i'r angladd. Drannoeth yr angladd dyma Mrs Baker, lle'r roedd 'nhad yn lletya yn gwahodd Anti a finnau i mewn i'r ystafell ffrynt. Doedd *neb* yn cael mynd i'r ystafell orau fel rheol! Yr unig dro i mi fod yno oedd y diwrnod cynt i ffarwelio â 'nhad, tad nad oeddwn ond prin yn ei adnabod, ond roedd yn dad i mi serch hynny.

Y diwrnod hwnnw roedd y llenni ynghau ac yn yr hanner golau cerddais at yr arch agored lle gorweddai 'nhad, ei wyneb yn welw a'i wefusau'n las. Rhedai'r dagrau dros fy ngruddiau a disgynnodd rhai ar yr arch. Roedd blodau a phlethdorchau yn llanw'r ystafell, y rhan fwyaf yn cynnwys blodau mimosa ac roedd arogl y blodau yn ddigon i godi cyfog arnaf. Mae'n gas gen i flodau'r mimosa byth oddi ar hynny. Ond nawr roedd y llenni ar agor a thân yn y grât. Roedd carped coch trwchus ar y llawr, dwy stôl a setî esmwyth, piano wrth un wal a chwpwrdd gwydr yn llawn llestri hardd yn yr alcof ger y lle tân.

Ynghanol y cwpwrdd gwydr, yn edrych yn

eithaf od ynghanol y llestri, roedd potel saws a haenau o wahanol liwiau yn llanw'r botel, haenau gwyn, hufen, melyn, coch, browngoch, brown tywyll. Gofynnais i Mrs Baker beth oedd yn y botel ac atebodd mai 'nhad oedd wedi casglu'r tywod o wahanol draethau ar Ynys Wyth pan oedd yn y fyddin. Ar ôl dweud hyn roeddwn yn gobeithio y cawn y botel ganddi ond chynigodd hi ddim. Yna dyma Anti yn dweud ei bod yn hoffi'r llestri. A dyma Mrs Baker yn pwyntio at y ddwy set waelod a dweud mai Bill fy mrawd a ddaeth â rheini o Siapan pan oedd yn y Llynges. Yna meddai hi, gan bwyntio at y ddwy set arall ar y silffoedd uwchben:

"They belonged to Barbara's mother!"

"O Dduw!" gweddïwn yn dawel "Dwed wrthi am eu rhoi i mi. Does ganddi ddim hawl arnyn nhw nawr â 'nhad wedi mynd." Ond ofer oedd fy ngweddi! Aeth Mrs Baker mas i wneud te i ni a chyn bo hir daeth nôl i ddweud bod y te yn barod. Mas â ni i'r stafell fyw ac roeddwn yn ffaelu credu'n llygaid! Ar y ford roedd tri llestr yn dal banana a hufen iâ, tri llestr siâp pysgodyn o risial lliw ambr. Ie! *Mummy's Fish Dishes!*" Es i'n chwys oer drosof. Cronnodd y dagrau yn fy llygaid. Doedd dim eisiau bwyd arna i. "I like your dishes," dywedodd Anti, hithau hefyd erbyn hyn wedi sylweddoli mai dyma'r 'Mummy's fish dishes' roedd hi wedi clywed cymaint o sôn amdanyn nhw yn ystod fy mlynyddoedd cyntaf ym Mhantglas. "Oh, they belonged to Barbara's mother," meddai Mrs Baker, yn hollol ddideimlad. A dyma fi'n beichio wylo, a Mrs Baker yn credu fy mod yn wylo am fy nhad. Cydiais yn y ddysgl siâp pysgodyn a thybiais fod dwylo Mam yno hefyd.

Beth ddigwyddodd i'r llestri wn i ddim, oherwydd rai blynyddoedd yn ddiweddarach pan fu farw Mrs Baker ymfudodd pedwar o'i phlant i Awstralia ond arhosodd un mab ar ôl yn Lerpwl, er ei fod yntau wedi ei gladdu erbyn hyn. Beth a rown i heddiw am gael un o 'Mummy's fish dishes' neu set o'i llestri te. Na, nid am eu gwerth ariannol, ond er mwyn i mi allu dweud gyda balchder:

"Mam oedd piau rhain!" Mae'r dreser a'i llestri y soniais amdani ar y dechrau gyda fi heddiw yn gywir fel roedd hi gyda Wncwl ac Anti, ac ni allaf ddweud, "Mam oedd piau rhain." Ond o leiaf, fe alla i ddweud am fy mam a 'nhad arall, "Wncwl a Anti oedd piau rhain!"

7

Cyfnod y Rhyfel yn Nhalgarreg

DECHREUODD DOGNI BWYD yn 1940. Cafodd pob un Lyfr Dogni, y *Ration Book*. Rhaid oedd defnyddio'r cwpons yn wythnosol ac nid oedd hawl gan neb i gadw'r cwpons am wythnosau cyn eu defnyddio.

Dyma rai enghreifftiau o ddogni bwyd. Mae'r isod yn rhoi manylion am y bwyd y byddai pob unigolyn yn ei gael mewn wythnos:

2 owns o fenyn
4 owns o fargarîn
4 owns o gig moch
1 wy – os oeddech chi'n cadw ieir rhaid oedd defnyddio cwpons wy i brynu bwyd i'r ieir!
2 owns o felysion
2 owns o gaws (os oedd eich gwaith yn gofyn am gryfder efallai y gallech gael hyd at 8 owns).

8 owns o siwgr – mwy i wragedd fferm adeg
cynhaeaf

2 owns o de

Tun o ffrwythau (*preserves*) 1 pwys bob 2 fis

Cig – gwerth swllt a chwech (nid wrth y pwys – felly
os prynech ddarnau rhatach o gig fe gaech fwy). Oes
y caserol, yr *hot pot* a'r cawl oedd hi.

Roedd y blawd a werthwyd i wneud bara o
safon isel iawn.

Yn 1955, tua deng mlynedd ar ôl i'r rhyfel
orffen, y gorffennodd y dogni ar siwgr a
rhan helaethaf o'r nwyddau eraill yn 1954.
Prydain oedd yr olaf o wledydd y byd i godi'r
gwaharddiad ar ddogni bwyd. Roedd siopau
yn cael rhywfaint o nwyddau dros ben. Yr adeg
hynny byddai'r siopwr yn pwyso popeth yn y
siop, pob pwys o siwgr, menyn, blawd, caws,
te ac ati yn cael eu pwyso mewn cydau papur
brown. Doedd dim pethau wedi eu pacio yn
barod. O dan y cownter roedd y nwyddau sbâr
yn cael eu cadw a byddai'r siopwr yn gwerthu'r
nwyddau hynny i'w ffrindiau a'r teulu. Weithiau
byddai'n eu gwerthu am grocbris i rywun heblaw
ei ffrindiau. Roedd llawer o bobl yn manteisio
ar werthu nwyddau am brisiau uchel, rhai pobl
wedi eu dwyn neu'n adnabod rhyw siopwr yn
dda, a dyma oedd y farchnad ddu.

Doedd dim dogni ar lysiau. Yn lle lawnt o flaen

Fy nhad, William Richard Warlow, yn fabi bach yng nghôl ei fam adeg ei fedyddio tua 1904. Fy mam-gu Mary Warlow a'i gŵr William Warlow, fy nhad-cu. Y ferch ifanc yw Mary Elizabeth Roberts, merch Mam-gu o'i phriodas gyntaf a bu hi farw yn 16 oed. Credir mai chwaer Mam-gu yw'r wraig ar y chwith.

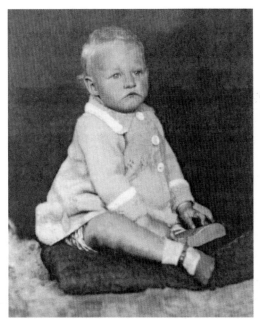

Fi yn blentyn bach yn 1936.

Fy nhad William Richard Warlow yn ei lifrai.

Fy mam Elsie Warlow (Poval cynt). Bu farw yn 28 oed yn 1939 cyn y rhyfel.

DEVASTATION: Rescue workers search the rubble after the Durning Road blitz in 1941

MEMORIES OF BLITZ HORROR

Tribute at last to Durning Road victims

Cysgodfan Anderson.

Lerpwl yn 1938 cyn y rhyfel.

Fy mam yw'r pumed person o'r chwith yn yr ail res o'r cefn.

Fy 'ail' fam, Ruthie Cook, yw'r chweched o'r chwith yn yr ail res o'r blaen.

Mae fy nhad yn y rhes flaen ar ochr dde diddanwr y parti.

Ar y chwith i'r diddanwr mae Mrs Walton a Mrs Curry
a laddwyd yn ystod y cyrch awyr ar y coleg yn Durning Road.

Fy niwrnod cyntaf ym
Mhantglas, 2 Gorffennaf
1941 gyda Bill fy mrawd
a ddaeth lawr fis
Mawrth 1941.

Pantglas 1941.

Anti (Rachel Davies).   Wncwl (John Davies).

Wncwl yn ei gart yn mynd mas â llaeth.

Anti yn magu'r ast fach tu fas Pledrog tua 1960 (sylwch ar y clocs!).

Mam-gu Llawrcwrt,
Mary Jones tua 1948.

Anti Lizzie, fi, Mam-gu
Llawrcwrt a Wncwl
Ifor Llawrcwrt.

Teulu Llawrcwrt Talgarreg. Rhes ôl: John, Lizzie, Ifor, May, Hannah, Dewi. Yn eistedd: Rachel (Anti), Evan (Tad-cu), Mary (Mam-gu), Anne.

Lewis Hefin tu fas Ffatri neu 'Lower Ffatri', Talgarreg ar ei ffordd i Sioe Aberteifi yn 1949.

Tynnu tato yn Crugyreryr Isaf. Rhes flaen: Florence Whitfield, John Rowlands, Maggie Rhydwen, Nan Dolgerdd, Reg Whitfield, Jennie Brebast, Dan Perthronw, Wncwl. Rhes gefn: Hywel Glantre, Ifor Llawrcwrt, Violet Whitfield, Beryl Brown, fi.

Trip Ysgol Sul Capel-y-Fadfa i Ddinbych-y-pysgod tua 1951. Hefina Fadfa, fi, Mari Ddolwilym, Beryl Brown Glynyreryr.

Rees Ffarm, Talgarreg.

Tri o feibion Ffarm, Talgarreg.
Wncwl Tom, Siencyn a Daff.

Priodas Lewis Hefin a Claire, Ionawr 1962.

Tafarn Gwarcefel.

Tom Stephens, prifathro
Ysgol Talgarreg.

Priodas Gareth a fi yng
Nghapel-y-Fadfa,
31 Mawrth 1962.

Carol fy merch.

Richard fy mab.

Gareth a fi.

y tŷ neu ardd o flodau aeth y bobl ati i balu'r tir a phlannu llysiau megis cennin a bresych, gosod tato, hau moron a swêds, a'r unig ffrwythau ar gael oedd hynny o afalau neu eirin a dyfai ar y coed yn lleol, mafon, llus, mefus a mwyar gwyllt o'r cloddiau.

Ni welodd llawer teulu yr un fanana nac oren drwy gydol y rhyfel ac am sawl blwyddyn wedyn. Roedd cryn gyffro ymhob pentre pan fyddai'r si yn mynd ar led bod siop y pentre wedi cael bocsed o orennau neu fananas mewn a byddai pobl yn mynd am y cyntaf i'r siop cyn bod y cyfan wedi eu gwerthu. Roedd posteri ymhob man yn annog pawb i fynd ati i hau. Y geiriau ar y poster oedd *'Dig for Victory'*. Yn y trefi mae'n debyg bod digon o *fish and chips* ar gael. I wneud y *rations* i fynd ymhellach gallech brynu wyau, tato a llaeth wedi eu sychu a'u troi yn bowdwr, ac i ymestyn y dogn siwgr defnyddiwyd sacarin neu surop mewn teisen, tarten a phwdin.

Gorfodwyd y ffermwyr i osod hyn a hyn o erwau o dato, gwenith a barlys yn ôl maint y fferm. Cadwai pob ffermwr a thyddynnwr fochyn yn y twlc a'i dewhau yn barod i'w ladd. (Y Weinyddiaeth Amaeth Rhyfel neu'r *War Ag* fel roedd yn cael ei alw oedd yn gweithredu'r rheolau hyn.) Os bydden nhw'n teimlo nad oedd rhyw ffermwr yn gwneud y defnydd gorau o'i dir, yna byddai'r *War Ag* yn ei berchnogi a chyflogwyd llawer o ddynion yn lleol i drin a hau'r tir hwn.

Torrwyd gelltydd o goed ac rwy'n cofio i Wncwl gael y gwaith o dorri gallt Brebast gan ddefnyddio un o'i geffylau gwedd i lusgo'r coed allan o'r allt. Ymhen tipyn cafodd *caterpillar* gan y *War Ag* i gyflawni'r gwaith a chaniatâd i'w ddefnyddio ar fferm Pantglas pan nad oedd angen y *caterpillar* yn yr allt.

Rhaid oedd cael cwpons i brynu dillad a'r dywediad yr adeg honno oedd '*Make do and mend!*' Ac felly y bu, rhoi patshyn ar dwll, cwiro sanau, torri carthenni a blancedi lawr drwy'r canol, a gwnïo'r ddwy ochor fas at ei gilydd fel bod y canol yn gyfan a'r tyllau ar yr ochor fas. Mae'n debyg i bobl gyffredin anfon eu cwpons dillad i Balas Buckingham er mwyn i'r Dywysoges Elizabeth (ein Brenhines ni heddiw) gael ffrog briodas ddrudfawr o'r sidan gorau. Roedd pobl a oedd yn byw ar ffermydd yn lwcus iawn gan fod ganddyn nhw ddigon o wyau ffres, llysiau, llaeth, menyn, ambell ffowlyn, digon o gwningod, ambell hwyaden wyllt, ambell betrisen, sofliar a chyffylog gan fod pob ffermwr yn berchen ar ddryll.

Taflai bechgyn yr ardal gerrig i ganol haid o ddrudwy wrth iddyn nhw heidio wrth y cannoedd i'r caeau. Yn ddieithriad bydden nhw wedi lladd dau neu dri bob tro ac yn eu gwerthu am ffyrling yr un. Cadwai ambell ffermwr fwy nag un mochyn er mai dim ond un oedd i fod, a deuai plismon o gwmpas yn achlysurol i weld nad oedd yn torri'r gyfraith a rhaid oedd hysbysu'r Weinyddiaeth pan fydden nhw'n lladd mochyn. Weithiau byddai ambell ffermwr yn lladd mwy nag un mochyn a gwerthai hwnnw ar y Farchnad Ddu. Un ffordd o gael gwared o'r mochyn fyddai ei roi yng nghefn fan a gorchuddio'r hen fochyn druan ag ugeiniau o gwningod.

Arferai trapiwr ddod o gwmpas ffermydd a gosod trapiau yn y caeau neu faglau i ddal cwningod. Weithiau gorchuddid tyllau'r cwningod (neu'r warin) â rhwyd enfawr a rhoddwyd ffured i mewn i un o'r tyllau ac wrth i'r cwningod geisio dianc bydden nhw'n cael eu dal yn y rhwyd. Dau o'r trapwyr lleol (ardal Talgarreg) oedd Jac Tafarn Bach a Dan Bwlch-y-bryn. Cyflogwyd dynion hefyd i ladd llygod mawr.

Un ffordd o ddod dros anhawster prinder nwyddau oedd gwneud bwydydd a edrychai yn debyg i'r gwreiddiol, megis, *Mock Goose,* sef pompiwnen wedi'i stwffio â briwsion bara, wynwyns a pherlysiau. Gwnaed *Mock Duck, Mock Sausages* a Bara Brith heb fargarîn. Mae'r rysait hwn gyda fi heddiw. Ffordd arall o ychwanegu blas melys oedd defnyddio surop melyn neu driog du mewn cacennau a phwdinau.

~

Diwrnod arbennig iawn oedd diwrnod lladd mochyn. Yn y gaeaf y lladdwyd moch a rhaid oedd gofalu bod y lleuad ar ei chryfder ac nid ar ei gwendid. Wn i ddim y rheswm am hyn ond dyna a gredai'r hen bobl. Roeddwn i'n casáu'r diwrnod yma; neu efallai y dylwn ddweud 'mod i'n casáu gweld y creadur bach y bûm yn ei fwydo bob dydd yn strancio ac yn sgrechian am ei fywyd, ond unwaith y byddai'r hen fochyn druan yn gelain doeddwn i ddim yn teimlo mor ofnadwy. Wncwl oedd yn lladd moch yn y rhan fwyaf o'r ffermydd yn Nhalgarreg ac felly roedd ganddo flynyddoedd o brofiad. Rhoddai raff am drwyn y mochyn a chwlwm rhedeg arno ac felly po fwyaf y tynnai'r mochyn tynnaf i gyd y byddai'r rhaff.

Deuai Lewis Hefin, un o'n cymdogion mwyaf annwyl neu un o fois Llawrcwrt, i'n helpu. Un ohonyn nhw a ddaliai'r rhaff yn dynn gan godi pen y mochyn. Yna fe fyddai Wncwl yn gwthio'r gyllell i'w wddf gan dorri'r wythïen fawr. Llifai'r gwaed allan a chyn pen fawr o dro tawelai'r sgrechiadau a syrthiai i'r llawr. Yna cariwyd dŵr berwedig i arllwys dros y croen ac yna siafwyd y blaen â chlawr stên ond defnyddiai Wncwl hen ganhwyllbren at y gwaith.

Torrwyd trwy gïau'r coesau ôl a gwthiwyd cambren drwy'r tyllau ac yna gyda help pwli tynnwyd y mochyn lan a'i hongian wrth un o'r trawstiau yn y sgubor. Rhoddwyd taten yn ei geg i'w gadw ar agor a phadell oddi tano i ddal unrhyw waed oedd ar ôl. Wedyn gyda chyllell finiog torrwyd o ben ôl y mochyn trwy ganol ei fola i'w wddf gan ofalu nad âi'r gyllell drwy'r perfedd. Yna torrwyd trwodd yn ofalus a syrthiai'r perfedd i gyd i badell fawr ar y llawr. Cadwyd bola'r mochyn yn agored gan ddarn o bren. Tynnwyd yr afu allan a thorrwyd y bustl i ffwrdd.

Gadawyd y corff i oeri hyd nos trannoeth. Ar ôl gorffen ei waith a chael swper byddai Wncwl yn mynd ati i dorri'r mochyn. Torrai'r pen i ffwrdd yn gyntaf, yna llifiai lawr bob ochr i'r asgwrn cefn gan adael y ddwy ochr i hongian. Torrwyd yr asgwrn cefn yn ddarnau a thorrwyd y darnau gorau o'r cig coch yn dafelli a gelwid hwn yn gig briw.

Tynnwyd y bloneg i ffwrdd i'w doddi yn araf mewn crochan ar y tân a'i gadw at goginio. Tynnwyd yr arennau a'r asennau allan ynghyd â'r 'siôl'. Fydden ni ddim yn halltu'r cig briw.

Byddai gwledda mawr am ddiwrnodau ar ôl lladd mochyn ac fe fydden ni'n cael cig briw neu ffrei bob dydd. Wrth gwrs rhannwyd darnau o gig briw rhwng ein cymdogion a chaem ddarn yn ôl pan fydden nhw'n lladd mochyn. Allan o'r afu fe fydden ni'n gwneud ffagots a'u gorchuddio â darnau o'r siôl; a *brawn* allan o'r pen. Defnyddiai Mam-gu Llawrcwrt y perfedd i wneud treip ond ni wnaed hynny yn ein tŷ ni. Torrwyd yr ochrau yn dri darn a'r gorchwyl nesaf oedd eu halltu. Deuai'r halen yn y dyddiau hynny yn flociau hirsgwar a rhaid oedd torri'r halen ac yna ei rowlio â phin rowlio i'w wneud yn fân.

Rhwbiwyd yr halen i mewn i'r ochrau a'r ham. Roedd yn waith digon caled, rhwbio a rhwbio nes bod yr halen yn troi yn heli, ond roedd ein dwylo yn feddal ac yn llyfn ar ôl hynny, fel dwylo ladi, er y defnyddiwn i glust y mochyn i rwbio'r halen gan fod fy nwylo i yn fwy tyner na dwylo Anti. Wedi'r halltu cariwyd y darnau i'r llaethdy lle'r oedd gwely o halen wedi ei baratoi ar y llechi glas. Rhoddwyd y cig ar y gwely halen a thaenwyd haen o halen drosto. Fe'i gadawyd yn yr halen gan ychwanegu peth ffres o dro i dro am dair wythnos cyn ei godi eto a'i hongian wrth fachau o dan lofft y gegin. Byddai'r halen yn sychu'n araf yng ngwres y tân, ond ar adegau cyn tywydd gwlyb fe fyddai'n troi'n wlyb ac yn syrthio yn ddiferion i'r llawr.

Ymhen blynyddoedd daeth sôn bod y Llywodraeth yn bwriadu dod â deddf newydd i wneud yn siŵr bod pob creadur yn cael ei ladd â *humane killer* sef rhyw fath o ddryll. Erbyn hyn roedd Wncwl yn dechrau meddwl am roi'r gorau i ladd moch. "Uffern!" meddai Lewis Hefin "fe ladda i'r moch yn lle ti Jack – ond i ti ddangos y ffordd i fi!" Ac yn ein tŷ ni y digwyddodd y wers yma. Roedd Lewis Hefin yn teimlo'n dipyn o ddyn. Ond roedd Wncwl wedi ei rybuddio nad oedd e'n waith pleserus iawn.

"Paid a becso dim nawr. Dangos di i fi ble i roi'r gylleth," meddai Lewis Hefin.

A dyma Wncwl yn rhoi'r gyllell yn y fan iawn ac yn dweud wrth Lewis beth i'w wneud, "Cydia yn llaw fi gael 'neud yn siwr bod y gylleth yn mynd i'r lle reit!" meddai Lewis Hefin. Ac felly y bu, ond pan deimlodd Lewis Hefin y gyllell yn mynd drwy'r cnawd a'r gwaed yn llifo'n goch fe aeth yn wyn fel y galchen a bu bron iddo lewygu. Wncwl orffennodd y job ac ni soniodd Lewis Hefin byth wedyn am ladd moch!

Ar ddiwrnod yr ocsiwn ar ôl marwolaeth Wncwl, gwerthwyd yr offer lladd moch, bag ysgwydd o gynfas, llif, canhwyllbren Fictorianaidd i grafu'r blew, nifer o gyllyll ac yn y blaen ac rwy'n credu i Amgueddfa Aberystwyth roi cynnig amdanyn nhw er na wn ai nhw a'u prynodd.

8

O Bantglas i Bledrog

SYMUDON NI O Bantglas i Bledrog yn 1945. Rwy'n cofio i Wncwl agor rhyw fath o *drap door* yng nghornel un o'r ystafelloedd gwely ym Mhantglas a thrwy hwnnw y gollyngwyd y dodrefn i lawr o'r llofft i'r gegin islaw. Sut a ble y treuliais y diwrnod hwnnw wn i ddim ond rwy'n cofio cyrraedd clos Pledrog a'r lle yn olau i gyd, a llond tŷ o ffrindiau, cymdogion a pherthnasau wedi dod i roi help llaw ac i ddathlu ein symud i'r lle newydd.

Roedd llawer o blant yno ac rwy'n cofio Dai Fadfa a fi yn symud top rhyw ford fawr a adawyd allan yn y cwrt tu blaen i'r tŷ a throi un pen i bwyso ar glawdd y cwrt a'r llall ar ffrâm y ford fel rhyw fath o do. Bu Dai a fi'n cwato yn y fan honno dan y ford ond yn sydyn daeth mellten a rhedon ni nerth ein traed i'r tŷ. Ond ni ddaeth yr un daran ac felly mae'n debyg mai 'towlu golau' oedd hi fel y dywedai'r hen bobl. Rwy'n cofio hefyd bod Anti yn gofyn i Rita Bwlch-y-bryn a finnau am fynd i hôl dŵr, a ninnau'n mynd i'r pistyll wrth dalcen y tŷ heb wybod bod y pistyll 'dŵr glân' tua ugain llath nes lan yn y cae. Felly dŵr a redai o waun Waunwen a yfwyd y noson honno!

Un o'r pethau a dynnodd fy sylw yn ein cartref newydd oedd y simnai agored. Gallech weld y sêr wrth edrych i fyny drwy'r simnai. Roedd yn debyg i simnai lwfer a rhyw hen ffwrn wal mewn cyflwr gwael ar yr ochr chwith, ond er ei bod yn rhacs roedd yn crasu bara bendigedig. Bob yn dipyn tynnwyd yr hen le tân a'r ffwrn wal i lawr a rhoddwyd ffwrn newydd ar bwys y tân. Caewyd y simnai ac adeiladwyd brics brown, sgleiniog o'i chwmpas a boeler i dwymo'r dŵr wrth gefn y grât. Simon Dolwen oedd y masiwn ac roedd ef yn un o'n cymdogion pan oedden ni'n byw ym Mhantglas. Rwy'n gallu gweld Simon wrthi nawr ar ei bengliniau o flaen y lle tân, yn tanio'i bîb, yna daliai'r bîb wrth fôn y simnai i gael gweld a oedd y simnai'n tynnu mwg.

"Wyt ti'n gweld y mwg yn mynd lan trwy'r simne?" gofynnodd i mi. "Mae'n tynnu'n dda ond dyw hi."

Nodiais innau fy mhen ac aeth Simon ymlaen

â'i waith. Ond bob hyn a hyn, taniai ei bîb a'i dal wrth fôn y simnai a gwyliai'r mwg yn diflannu.

Simon fu'n ailadeiladu un o'r ddau dwlc mochyn ym Mhantglas i ni hefyd er nad oedden ni'n defnyddio'r adeilad i gadw moch. Rai blynyddoedd ynghynt roedd Wncwl wedi sylwi ar garreg fawr yn un o gaeau Dolwen a dywedodd wrth Simon y gwnâi'r garreg gafn mochyn bendigedig. Cytunodd Simon ac addawodd y byddai'n mynd ati i gerfio'r garreg. Aeth blynyddoedd heibio ac ni chofiodd Wncwl am y garreg, ond un diwrnod ar ôl gorffen trwsio'r twlc gofynnodd Simon i Wncwl am fenthyg ceffyl a chart. Dyn caredig iawn a chymwynasgar oedd Wncwl a chytunodd i Simon eu cael. Y peth nesaf rwy'n ei gofio yw gweld y cafn mochyn yn y twlc. Roedd Simon wedi naddu'r garreg yn gafn hirgrwn. Mae'r cafn hwnnw gyda fi heddiw yn dal blodau ar y patio tu blaen y tŷ.

Ni ddefnyddiwyd yr ail dwlc a chefais i ei ddefnyddio i chwarae 'tŷ bach'. Roedd ynddo ford a oedd wedi bod un amser yn rhan o beiriant dyrnu. Dau neu dri boncyff oedd y stolion ac roedd amryw o lestri yn rhai wedi torri fel hen blatiau, cwpanau a hen ffreipan. Weithiau byddai Phyllis Meinibach neu Rita Bwlchybryn yn dod i chwarae yn y 'tŷ bach' ac unwaith neu ddwy bu Mari Ddolwilym, fy ffrind pennaf, yn chwarae gyda fi ar ôl cerdded yr holl ffordd o Ddolwilym. Bydden ni'n chwilio am ddail surion bach, cnau daear, cnau, aeron a mwyar fel bwyd. Weithiau deuai Anti â phlated o fara menyn a phancws a hen dun triog melyn i ni. Bydden ni'n crafu'r triog o waelod y tun a'i roi ar y dail surion bach. Galwodd Simon y 'tŷ bach' yn 'Penpistyll' am fod pistyll yn disgyn tu fas i'r twlc a cherfiodd yr enw ar ddarn o lechen i fi.

Ond nôl i Pledrog. Wedi gorffen yn y tŷ, adeiladwyd seston fawr bron ym mhen uchaf Cae Pistyll a rhoddwyd pibellau lawr i ddod â dŵr i'r tŷ, y tŷ cwler a'r beudy. Tra bod y gwaith hwn yn digwydd bu'n rhaid i ni gynnau tân yn y gegin gefn gan nad oedd dŵr yn y boeler newydd tu ôl i'r grât, ond adeg y gwanwyn oedd hi a dim ond tân i ferwi'r tegell ac i goginio tato oedd ei angen. Ni ellid cynnau tân yn y parlwr am fod y simnai'n llawn nythod Jac Do. Ceisiwyd ei lanhau â brws simnai ond ofer fu pob ymdrech. Roedd bois Llawrcwrt, John, Dewi ac Ifor yn tynnu fy nghoes y byddai'n rhaid codi Wncwl i ben y simnai, rhoi rhaff amdano a'i dynnu i lawr trwyddi. Credwn innau bob gair ac roeddwn yn llefen ac yn dweud:

"Na! Chewch chi ddim tynnu Wncwl lawr drwy'r simne!"

Mawr fu fy ngofid am hyn ond o'r fath

lawenydd pan lwyddwyd i glirio'r simnai trwy dynnu cropyn eithin lawr trwyddi ond fe gafwyd tipyn o ffwdan wedi hyn. Bob dydd byddai hen Jac Do neu ddau yn disgyn trwy'r simnai i'r parlwr, ac i'r gegin os na fyddai drws y parlwr ar gau. Torrwyd sawl ornament gwerthfawr ac un tiwrin a oedd yn rhan o lestri cinio oedd ar y dreser.

Tynnwyd y clawdd cwrt i lawr a thorrwyd y ddwy goeden fawr a dyfai yn y clawdd. Cofiaf i Wncwl geibio o gwmpas y boncyffion am ddiwrnodau i'w rhyddhau ac yna ceisiwyd eu tynnu â'r fforden fach, ond methiant fu'r ymdrech gan fod olwynion y tractor yn troi yn yr unfan. Yn y diwedd Scott, un o'r ceffylau gwedd lwyddodd i ryddhau'r boncyff. Dyna beth yw *horse-power* onide!

9

Wncwl

D YN BACH BYR ond cadarn o gorff oedd Wncwl,
bob amser yn serchog a chroesawgar i
bawb fyddai'n dod i'r tŷ gyda gwên a'r geiriau
"Dewch i gael te ac fe gewch siâr o beth bynnag
sydd gyda ni." Doedd dim gwahaniaeth ganddo
pa un ai trempyn neu fonheddwr, yr un fyddai'r
croeso. Wrth ddarllen hanes am ei hen, hen dad-
cu alla i ddim llai na chymharu rhai agweddau
o'u cymeriad. Yn ôl *Yr Ymofynnydd*, Gorffennaf
1875 dywedir amdano:

> *Dyn cymeradwy iawn yn ei ardal... Talai'r geiniog*
> *a gofynnai amdani... Ni fachludai'r haul ar ei*
> *ddigofaint... Yr oedd yn hoff o ddarllen. Mynnai yn*
> *wastad edrych yn y lliw goreu ar newydd neu ystori*
> *ddrwg. Byddai yn brydlon... ymhob man. Gochelai roi*
> *trafferth mewn perthynas â'i hun i neb. Yr oedd ei air*
> *gystal â'i lw.*

Pan ddywedai rhywun rywbeth gwael wrtho

am gymydog neu ryw gydnabod, lawer tro fe'i clywais yn dweud, "Ond mae dwy ochr i bob stori." Roedd yn dueddol o fod braidd yn wyllt ei dymer weithiau ond er yn tanio fel matsien byddai'n diffodd yr un mor sydyn!

Fe gasglai neu brynai lyfrau mewn ocsiwn fferm a gallaf i ddweud ar lw os oedd llyfrau ar werth mewn sêl y byddai Wncwl yn siŵr o brynu bocsed. Byddai wrth ei fodd yn eu darllen beth bynnag fyddai'r testun. Cofiaf amdano un tro yn dod â llyfr *Taith y Pererin* gan Jon Bunyan, clorwth o lyfr fel y Beiblau a welid yn ein capeli slawer dydd. Darllenodd hwnnw o glawr i glawr, yr unig beth doedd e ddim yn ei hoffi oedd bod yn rhaid darllen hwnnw ar y ford gan ei fod yn rhy fawr i'w ddarllen yn ei gôl. Roedd yn mwynhau eistedd mewn cadair freichiau o flaen y tân yn nhraed ei sanau ar y ffender. Darllenai bob math o lyfrau, yn enwedig rhai Cymraeg, ac wrth ddarllen byddai'n sisial y geiriau wrth eu darllen a dyna i gyd a fyddech yn ei glywed oedd 's-s-s-s-s-s-s' nes ei fod yn mynd ar ein nerfau.

Aeth ati ryw brynhawn i ddarllen y papur newydd *The Welsh Gazette* (Cambrian News) o flaen y tân gan roi ei draed, fel arfer yn nhraed ei sanau, ar y ffender. Pan ddihunodd nid oedd sôn am y papur ac yna sylweddolodd nad oedd dim ar ôl ond lludw llwyd-ddu o dan y ffender. Roedd y papur wedi llosgi'n ulw yn ei ddwylo ac yntau wedi pendwmpian wrth y tân. Dyna beth oedd dihangfa lwcus.

Roedd pawb yn ffrind i Wncwl o'r hen i'r ifanc. Un peth oedd yn arbennig amdano oedd bod ganddo dri enw! Byddai'r teulu agos, ei chwiorydd a'r cefndryd yn ei alw yn 'Johnnie'. Gelwid ef yn 'Jack' gan ei gymdogion a'i ffrindiau; a 'John Davies' gan y bobl barchus hynny, megis pregethwyr, prifathro'r ysgol, neu'r offeiriad lleol! Ac fel pob ci da fe ddeuai wrth bob enw!

Dyn caredig tu hwnt oedd Wncwl. Pan ddaeth carcharorion rhyfel o'r Eidal i Bledrog i agor rhewynon yn y waun fawr roedd un carcharor yn aros ar y clos i baratoi bwyd i'r lleill. Digwyddodd Wncwl fod o gwmpas ryw ddydd ac aeth i siarad â Mario, y carcharor oedd wedi cynnau tân ac yn paratoi rhywbeth mewn boeler ar y tân. Dyma Wncwl yn gofyn iddo beth oedd yn coginio a Mario yn ateb:

"Soup."

Cododd Wncwl gaead y boeler a gwelodd ychydig foron a phys yn nofio fan hyn a fan draw.

"Come with me!" meddai Wncwl.

Dychrynodd Mario braidd gan feddwl ei fod wedi gwneud rhyw ddrwg. Aeth Wncwl ag e i'r tŷ a thynnodd gyllell fawr allan o ddrôr y ford. Wel, dychrynodd Mario yn fwy byth ac anghofiaf i byth mo'r olwg ar ei wyneb! Credodd ei fod yn ei fygwth â chyllell. Sylweddolodd Wncwl ei fod wedi cael ofn a gan chwerthin dangosodd y cig moch oedd yn hongian wrth fachau o dan y llofft, a gwenodd Mario wedyn, gwên o ryddhad! Torrodd Wncwl gwlffyn o gig mochyn a'i roi iddo. Rhoddodd Anti sialots iddo, ac aeth Wncwl ag ef i'r sgubor lle cafodd hwnnw gyfran o dato a moron.

Erbyn hyn roedd dagrau yn llygaid yr Eidalwr a bu'n dweud "Thank you, thank you" yn ddiddiwedd wrth groesi'r clôs nôl at y tân a'r boeler. Wedi rhoi'r cig a'r llysiau yn y cawl tynnodd Mario lun allan o'i boced, llun ei wraig a'i ferch fach. Tra bu'r Eidalwyr gyda ni fe gawson nhw rwydd hynt i helpu eu hunain i lysiau o'r sgubor a gofalai Wncwl bod darn o gig mochyn yn barod bob dydd, er rhaid cyfaddef mai'r darnau â mwyaf o fraster a gafodd.

Roedd ganddo hiwmor arbennig ac yn hoffi jôc. Cofiaf amdanaf flynyddoedd ynghynt wedi mynd ar drip Ysgol Sul, Capel-y-Fadfa. Nid wy'n cofio i ble'r aeth y trip ond y peth pwysig i ni'r plant oedd bod yna *Woolworths*! 'Roedd mynd i *Woolworths* fel camu i mewn i ogof Aladdin. 'Trysorau' ymhobman, llond cownteri o focsys bach sgwâr gydag amrywiaeth o froetshis, mwclis, addurniadau i'w rhoi yn y gwallt, yn bysgod, ieir bach yr haf a blodau. Un tro prynais tshaen aur, lliw aur beth bynnag, a gwisgais hi yn y bws ar y ffordd adref. Pan welodd Wncwl y tshaen am fy ngwddf dyma fe'n dweud:

"Wel, beth sydd am dy wddwg di, groten? Rwyt ti fel ceffyl yn gwisgo carwden cart!"

('Carwden' y gelwid y tshaen gref oedd yn mynd dros y ceffyl ac yn sownd wrth siafftiau'r cart i gymryd y pwysau). Dro arall ar drip Ysgol Sul prynais felt ddu, lydan a elwid yn *waspie* a oedd yn ffasiynol iawn y dyddiau hynny. Rhywbeth tebyg i'r belt a wisgid gan y nyrsys. Ffrog felen oedd amdana i ar y pryd gyda belt fach gul o'r un lliw. Ond wrth ddod adref yn y bws, tynnais y belt wreiddiol bant a gwisgais y belt newydd yn ei lle. Yr adeg honno roedd fy nghanol yn fain iawn, yn wir gallai Trefor Rowlands, un o weision Llawrcwrt, roi ei ddwylo mawr reit o gylch fy nghanol, a'r dywediad bob tro fyddai,'Rwyt ti mor fain â llyngeren', mor wahanol i fy nghanol y dyddiau hyn! Ond i ddod yn ôl at y stori. I mewn â fi i'r tŷ ar ôl cyrraedd adref yn fy ffrog felen gyda'r belt ddu, lydan o gwmpas fy nghanol. Pan welodd Wncwl fi dyma fe'n dweud:

"Dew! Dew! Tynna'r belt 'na bant. Rwyt ti'n edrych yn gywir fel cachgi bwm!"

Roedd Wncwl wrth ei fodd gyda cheffylau. Fe glywais stori ddiddorol amdano yn cystadlu mewn Preimin Aredig. Roedd D.O. Jones Llandysul ac yntau yn rhedeg yn glos ar y marciau. Gydag un darn bach o dir ar ôl i'w aredig roedd y ddau'n gydradd cyn penderfynu pa un o'r ddau fyddai'n ennill y cwpan. Yn anffodus aeth ceffyl D.O. yn gloff ar ôl colli pedol. Rhoddodd Wncwl Jack ei geffyl ef iddo gan dynnu allan o'r gystadleuaeth er mwyn rhoi cyfle i'w ffrind ennill y cwpan arian hardd sydd yn dal ym meddiant y teulu yn Llandysul hyd heddiw.

Mae gennyf lun ohono yn llanc pedair ar ddeg oed, gyda thri cheffyl gwedd yn llyfnu ac yntau yn was bach ym Mlaenclettwr, Mydroilyn a fe oedd yn gofalu am geffylau'r fferm. Gallaf ei weld yn awr ym Mhledrog gyda phâr o geffylau gwedd yn aredig. Roedd yn ddyn anodd ei blesio. Rhaid oedd i'r cwysi fod yn hollol syth, yn gywir fel pe bai mewn Preimin Aredig, a gallaf weld y ddau geffyl gwedd, Bal a Bess a'u cyhyrau cryf yn tynnu'r arad a Wncwl â'i draed yn y gŵys. Safai ar ben pob talar gan gau un llygad, ac os na fyddai sigarét yn ei geg, byddai blaen ei dafod yn sticio mas o gornel ei geg, yn edrych a oedd y gŵys yn union syth. Os na fyddai, byddai'r sbaner yn dod mas a byddai nyten yn cael ei thynhau fan hyn a nyten yn cael ei rhyddhau fan 'co, a'r cwlltwr yn cael ei addasu.

Yr un fyddai'r olygfa wrth lyfnu. Nôl ac ymlaen ar draws y cae nes bod y pridd wedi ei chwalu yn dda fel briwsion bara. Yna deuai diwrnod hau'r llafur. Ond cyn hynny rhaid oedd mesur y ceirch neu'r barlys mewn winsin (*bushel*). Roedd pob winsin yn dal wyth galwyn (sych) a hyn a hyn o hadau ar gyfer pob erw o dir. Roedd yn arferiad i newid had yn achlysurol er mwyn gwella ansawdd y cnwd a byddai yna ffermwyr/gwerthwyr hadau yn fodlon cyfnewid yr hadau ond â thâl ychwanegol am yr hadau newydd a oedd i fod o safon uwch.

Byddwn i bob amser yn dal y sachau i Wncwl gael arllwys yr had iddyn nhw. Ar y diwedd clymwyd pob sach â chorden beinder a thorrwyd y gorden â chyllell boced, teclyn angenrheidiol i bob ffermwr ac yn werthfawr wrth ei waith bob dydd. Un tro sylweddolodd Wncwl bod ei gyllell boced wedi mynd ar goll ac er chwilio yn yr had oedd ar ôl yn llofft y Cartws methwyd dod o hyd iddi. Ofnwn innau y byddai'n rhaid ailagor y sachau i gyd ac arllwys yr had allan, ond penderfynwyd gadael pethau fel yr oedden nhw.

Fodd bynnag, daeth yr had newydd nôl ac Wncwl yn cario'r sachau lan i'r cae. Penliniai ar y llawr i godi'r hadau i mewn i lywanen. Clymai ddau gornel y llywanen o gwmpas ei wddf a daliai'r ddau gornel arall yn ei law chwith a gyda'r llywanen yn llawn hadau camai nôl ac ymlaen gan ysgwyd yr hadau, troi ei law yn llawn hadau i'r dde ac yna troi yn ôl i'r chwith gan eu gollwng wrth fynd. Roedd eisiau sgil arbennig i wneud y gwaith yn iawn. Wrth lanw'r had i mewn i'r llywanen beth ddaeth mas o sach yr hadau newydd ond ei gyllell boced ef ei hunan! Roedd y person y gwerthwyd yr hadau iddo wedi rhoi'r un had nôl iddo, dim ond newid y sachau a wnaeth! Fy ngorchwyl i oedd cario llafur i Wncwl os os oedd yn brin o had cyn cyrraedd pen y dalar.

Pan ddeuai adeg torri llafur defnyddiai Wncwl hen feinder. Roedd hwn yn beiriant peryglus iawn. Diwrnod cyn medi byddai wrthi am oriau yn hogi'r cyllyll trionglog. Eisteddai ar hen ffwrwm gyda llafn y gyllell o dan ei ben-ôl a gyda rhyw droedfedd o'r gyllell yn sticio allan tu blaen ac ar ôl hogi'r darn hwnnw symudai'r gyllell ymlaen tua throedfedd hyd nes hogi'r cyllyll i gyd. Wedyn eu lapio mewn hen sach fawr cyn eu cario lan at y beinder. Tynnid y beinder gan y ceffylau gwedd ond wedyn daeth dyddiau'r tractor. Prynodd Wncwl hen fforden fach ond cadwodd yr hen beiriannau traddodiadol a dynnid gan geffylau i gael eu tynnu â thractor. Yn y beinder byddai hwyl debyg i felin wynt yn chwyrlio rownd a rownd, gan wthio'r llafur yn erbyn cyllell â dannedd trionglog. Yna cariwyd y llafur ar gynfasau a rholeri. Tu ôl i'r beinder roedd dyfais glyfar iawn oedd yn medru clymu'r llafur â chorden beinder, torri'r gorden ac yna taflu'r ysgub allan i'r cae. Weithiau torrai'r peiriant y gorden yn rhy agos i'r cwlwm ar yr ysgub a theflid yr ysgub allan i'r cae yn rhydd a gorchwyl y stacanwyr oedd yn dilyn fyddai clymu'r ysgub â rheffyn o'r llafur. Gwaedd uchel i stopio'r gyrrwr a byddai Wncwl yn dod â'i sbaner i dynhau neu ryddhau nyten fel bo angen.

Fy ngorchwyl i oedd eistedd ar y beinder a chodi un o'r ddau far, un a reolai hyd y llafur a'r llall a reolai uchder y gyllell o'r llawr. Gorchwyl anodd oedd hwn am nad oedd fy nhraed bron yn cyffwrdd â'r bar i ddal traed a thrwy hynny rhaid oedd sicrhau 'mod i'n ddiogel. Doeddwn i byth yn teimlo'n ddiogel ar y beinder. Roedd fy nghoesau'n rhy fyr a dim ond medru cyrraedd y darn haearn lle rhoddid y traed i orffwys â blaen fy nhraed fedrwn i. Fe benderfynodd Wncwl y cawn i yrru'r tractor ac yntau i fod ar ben y beinder. Mynd o gwmpas y cae a finnau'n meddwl mod i'n gwneud jobyn da iawn. Ond cyn hir dyma Wncwl yn rhoi gwaedd,

"Paid â throi mor grop, groten. Edrych rwyt ti'n gadael cosyn ar ôl o hyd."

Y cosyn oedd darn o lafur a fyddai'n dal ar ei droed ar ddiwedd pob ystod, yn gywir fel siâp darn o gosyn caws!

"Cadwa dy lygad ar flaen y beinder a phaid â dechrau troi nes bod ti'n gweld y bar yn dod mas o'r llafur."

Treio eto, gwelliant y tro hwn. Ond y tro nesaf, edrych yn ôl eto, gormod o edrych nôl, ac aeth wyneb Wncwl yn wyn fel y galchen.

"Stopa!" meddai. Dim gwaedd, dim ond gorchymyn pendant.

Pan edrychais ymlaen roedd dwy olwyn flaen y tractor ar fola'r clawdd a ches i byth yrru tractor wedyn i dynnu'r beinder.

Roedd Wncwl yn dipyn o fet ei hunan. Credai'n gryf mewn rhinweddau sebon coch a gedwid ar gyfer golchi dwylo ac i drin diffyg traul ar geffylau. Golchai ei ddwylo nes bod ei fraich yn fybls i gyd cyn rhoi unrhyw driniaeth i anifail. Cadwai boteli o feddyginiaethau ar ffenest y llaethdy, poteli gwyrdd, glas, clir yn llawn aroglau gwahanol. Un o'i ffefrynnau oedd *Embrocation & Horse Liniment*. Pan oeddwn yn fach cawn fy mhoeni gan wynegon yn fy ngarddwrn dde, a byddai Wncwl yn rhwbio eli ceffylau yn fy ngarddwrn ac rown i'n drewi am ddyddiau wedyn! Dywedwyd am Wncwl na chollodd yr un ffarmwr ebol neu eboles ar ôl i Wncwl dorri ei gwt, rhywbeth na wneir heddiw, diolch i'r drefn.

Cofiaf un adeg pan oedd llo bach diogel o faint gyda ni ac roedd chwydd mawr ar ei ben-glin. Galwodd Wncwl y fet ond doedd hwnnw ddim yn addo'n dda a dywedodd wrtho am ei roi i gysgu. Ond penderfynodd Wncwl roi cynnig arni ei hunan. Gwnaeth le bach arbennig i'r llo yng nghornel y sgubor gyda gwely trwchus o wellt glân iddo. Dwy neu dair gwaith bob dydd byddai'n baddo pen-glin y llo a rhoi powltis bara arno a rhyw feddyginiaethau o'r poteli. Gwaethygodd y chwydd a finnau erbyn hyn am alw'r fet eto. Ond gwrthododd Wncwl a daliodd ati gyda'i feddyginiaethau arbennig ei hun. Un diwrnod gwelwyd bod y chwydd wedi bostio a'r crawn yn rhedeg mas o'r tyllau. Daliodd Wncwl i'w drin ac erbyn hyn roedd y llo bach yn rhedeg ato ac yn sefyll yn hollol lonydd i gael ei drin. Wedi rhai diwrnodau ymddangosodd tri thwll lle rhedai'r crawn allan. Pan dyfodd y llo bach yn fuwch rhedai tuag at Wncwl bob tro y byddai'n ei weld yn dod. Roedd yn amlwg yn cofio am ei garedigrwydd, fel rwyf innau'n cofio amdano.

Roedd Wncwl wrth ei fodd yn helpu ei gymdogion. Fe fyddai'n mynd â'i dractor a pheiriant tynnu tato i bron bob ffarm yn y cyffiniau. Byddai menywod a'r dynion yn gweithio'n ddeuoedd i godi'r tato i fwced a'u cario i'r cart gât i fynd lawr i'r ffarm. Cyn dechrau crynhoi tato rhaid oedd mesur hyd y rhych trwy gamu'n fras o un pen i'r llall. Yna rhannwyd nifer y camau gan nifer y parau a fyddai yn y cae. Lewis Hefin fynychaf fyddai â'r gorchwyl hwn. Doedd y mathemateg ddim bob amser yn gywir a druan o'r pâr oedd ar waelod y rhych gan mai nhw oedd yn gorfod cymryd y llathenni oedd dros ben.

Roedd Wncwl yn fecanic da iawn. Mae'n debyg bod atgyweirio *magnito* yn waith oedd eisiau sgil arbennig, ond roedd Wncwl yn rhoi'r *magnito* ar y pentan i'w sychu ac yna eu tynnu'n ddarnau. Weithiau cawn i 'fenthyg' y magned mawr fel siâp pedol neu fwa a'i ddefnyddio i godi pethau metel megis hoelion a phinnau. Addasai hen injan car i yrru'r peiriant torri *chaff* a'r felin falu. Os methai yna anfonai am Tom Stephens, y sgwlyn, un arall â dawn arbennig yn y maes hwn. Os methai'r ddau yna anfonid neges at David Tom, Garej Pontweli.

Roedd Wncwl yn dda am weld y tywydd. Fel llawer ffermwr arall roedd cyfnod hau a medi yn dibynnu ar y tywydd. Doedd dim teledu i'w gael yr adeg honno i roi manylion ynglŷn â'r tywydd a rhaid oedd dibynnu ar arwyddion eraill a hen ddywediadau. Rhai o arwyddion o law fyddai da yn gorwedd, da yn rhedeg yn wyllt, lleuad ar ei chornel, y gwenoliaid yn hedfan yn isel, a llawer o enghreifftiau eraill. Un arwydd o dywydd sych iddo fyddai haul yn machlud yn goch a byddai'n arfer adrodd y pennill hwn:

Mae Wilibwmp yn canu (Chwilen y Bwn)
Cawn dywydd teg yfory,
Does fawr o goed ar Chwil y Baw
Gall fod yn law serch hynny.

Yn y flwyddyn 1976 y bu'r haf poethaf a sychaf o fewn cof y rhai o'r un genhedlaeth â fi, ond roedd Wncwl bob amser yn dweud, "Mae'n argoeli'n wael am y cynhaeaf eleni, os na ddaw glaw cyn hir fe fydd hi fel 1921." A'r un fyddai ei gân bob tro nes un diwrnod gofynnais iddo beth oedd mor wael am 1921. Dywedodd ei fod yn was gyda'i Dad-cu, David Evans, Ffarm a'u bod wedi plannu mwy o dato had yn y gwanwyn nag oedden nhw'n eu crynhoi yn yr hydref; a bod y llafur mor fyr nad oedd posib ei dorri â pheiriant a'i fod fel 'blew llygod', mor fach.

Y noson cyn iddo farw roedd Anti Eleanor, Llundain, yn aros yn Llawrcwrt ac roedd Wncwl am fynd â dwsin o wyau iddi i fynd nôl i Lundain drannoeth. Ac felly y bu. Drannoeth daethpwyd o hyd i'w gorff yn y parlwr. Ei gymwynas olaf wedi ei thalu, a'i ddymuniad mwyaf am gael dreifio'r car hyd y diwedd wedi'i wireddu.

Claddwyd ef yng Nghapel-y-Fadfa, ar y 5ed o Fedi 1976. Y noson cyn yr angladd daeth y glaw ac ni allwn lai na dychmygu bod gan Wncwl rywbeth i'w wneud â hyn! Roedd hi'n ddiwrnod gwlyb a garw ar ddydd ei angladd hefyd ond roedd y capel llawn o bobl, hen ac ifanc, a llawer o'r ifanc wedi colli diwrnod o waith i fod yn ei angladd, yn dyst i'r parch oedd iddo yn yr ardal.

Coffa da amdano.

10

Anti

Er mai dyn bach oedd Wncwl, roedd Anti yn fenyw fawr o ran corff, ond serch hynny roedd ganddi gorff siapus iawn ac yn amlwg wedi bod yn ferch hardd yn ei hoed a'i hamser. Roedd ganddi ddau lygad glas pefriog a gwallt gwinau, a fu unwaith yn donnog a thrwchus, ond erbyn i mi ddod i'w hadnabod roedd ei gwallt wedi dechrau gwynnu ac yn teneuo.

Hoffai'r achlysuron prin hynny pan gâi gyfle i wisgo lan. Yn y cyfnod hwnnw roedd yn arferiad i wisgo dillad du am flwyddyn gron pan fyddai marwolaeth yn y teulu, dillad llwyd am yr ail flwyddyn a dillad piws y drydedd. Cofiaf am un flwyddyn yn arbennig (1953) iddi fynd i Lundain at ei chefnder Sianco a thra'r oedd hi yno fe brynodd got, het a sgidiau brown. Mor falch oedd hi ohonyn nhw gan eu gwisgo ar achlysuron pwysig fel y Gymanfa Ganu a'r Gymanfa Bwnc, ond yn rhy fuan o lawer, gorfu iddi fynd yn ôl i wisgo du.

Roedd hi'n hoff iawn o goginio ac er ei bod yn amser rhyfel a *rations* ar bopeth eto i gyd roedd digon o fwyd yn ein tŷ ni. I frecwast roedd wyau a chig moch, gyda bara a menyn o waith cartref. Basned o fara te fyddai Wncwl yn ei gael, a gyda'r nos byddai Anti yn aml yn gwneud bara llaeth neu os byddai annwyd, bara dŵr a sinsir. Un o'r prydau bwyd blasusaf a wnâi oedd rhoi tato mewn ffwrn fach ar y tân gyda digon o shibwns a chig moch a'u coginio'n araf. Gwnâi bwdin reis bendigedig, tarten flasus, a chacennau ffrwythau a hadau, bara *one-two*, pice ar y maen, pancws, jam cartref, picls a siytni. Doedd hi byth yn pwyso dim, dim ond dyrnaid o hwn, pinsied o rywbeth arall ac efallai llwyaid o rywbeth megis surop neu driog, a bob amser yn flasus dros ben! Bob wythnos rhaid oedd gwneud pobied o fara, a gan fod Anti yn dioddef oddi wrth asthma fe ddysgais i'n ifanc iawn sut i gymysgu toes.

Rwy'n cofio rhyw dro i Anti May, Fadfa, chwaer Anti, ddod i Bledrog a finnau wrthi'n cymysgu toes mewn crochan mawr pridd.

"Rachel," meddai Mary "dwyt ti ddim yn ffwdanu crasu bara o hyd. Mae'r baker yn galw gyda ni bob wythnos. Ac i beth wyt ti'n ffwdanu dysgu Barbara i grasu bara a digon o fakers i gael?"

"Rwy'n dysgu Barbara i wneud popeth," atebodd Anti "ei lwc hi fydd hi os *na* fydd rhaid iddi!"

Ac fe ddysgais 'wneud popeth' ac nid wyf yn edifar o gwbl.

Os deuai pobl ddieithr, gwell na'i gilydd i gael te, byddai'n bleser gweld y ford gyda lliain gwyn fel eira wedi ei smwddio i berffeithrwydd ac fel y dywedai:

"Does dim byd yn waeth na lliain ag ôl troed y frân drosto!"

Hoffai unrhyw fath o waith llaw ac ni allai orffen gwaith y clos a'r tŷ yn ddigon cyflym fel ei bod yn cael awr neu ddwy yn gwau sanau, neu'n crosio, neu hyd yn oed rhoi clwt ar dwll dillad gwaith neu gwiro sanau.

Cofiaf amdanaf yn Ysgol Ramadeg Aberaeron ac roedd hi wedi gwneud ffedog wen i mi ar gyfer y gwersi coginio, un a oedd yn wahanol i ffedog pawb arall. Teimlwn yn swil ac yn rhwystredig a phan alwodd Elaine Lewis fi mas o flaen y dosbarth, es yn goch fel bîtrwt:

"Dyma i chi fel y dylai ffedog fod!" meddai hi yn Saesneg. Roedd Anti wedi dysgu am ffedog 'iawn' gan Mrs Williams, Neuadd.

Dro arall es â'r fasged goginio i'r ysgol yn cynnwys, ymhlith pethau eraill, lliain hambwrdd i'w roi dros y fasged. Teimlwn yn rhwystredig y tro hwn hefyd am fod Anti wedi cwiro rhwyg yn y lliain, rhwyg y gelwid yn *hedge-tear* fel siâp 'L'. Sylwodd Elaine Lewis arno a dyma hi'n gofyn pwy oedd wedi riparo'r lliain:

"This is how hedge-tear darn should be, such fine stiching."

Roedd Anti yn hoff iawn o wneud jam o bob math, eirin, llus duon bach, riwbob, cyrens coch a chyrens du a'i ffefryn oedd llugaeron. Tyfai rhain ar weunydd Llawrcwrt, ger y ddau lyn, ac roedd rhaid troedio'n ofalus iawn gan fod y gors yn beryglus iawn mewn mannau. Bob tro wrth basio'r llyn isaf byddai Anti yn dweud am beidio â mynd yn rhy agos i'r ymyl, a phan ofynnais iddi un tro pam roedd hi'n dweud hyn, dywedodd:

"Boddodd rhyw ddyn a'i geffyl yn y llyn!" a dyna a fu.

Yn aml bu raid i mi basio'r llyn wrth fynd â bwyd mas i'r caeau yr ochr arall i'r waun, pan oedd bois Llawrcwrt yn aredig, hau neu dorri gwair neu lafur. Yr un fyddai'r siars:

"Paid â mynd yn agos i'r llyn. Gofala di, 'does dim gwaelod iddi."

Ymhen blynyddoedd dyma fi'n mynd ati i ymchwilio i hanes teulu Wncwl a darganfod bod y dyn foddodd yn hen dad-cu iddo. Ei enw oedd David Jones, pumdeg dau oed ac fe foddodd pan ddymchwelodd y cart a'r ceffyl a boddwyd y ceffyl hefyd. Y dyddiad oedd yr 20fed o Fehefin 1846.

Pan oeddwn yn sâl yn y gwely, fynychaf gyda dolur gwddf, byddai Anti'n rhoi pob gofal i fi. Un o'r pethau cyntaf fyddai'n ei wneud oedd newid y dillad gwely a byddai cael siten a châs gobennydd glân yn arogli o lafant yn codi'r galon ar unwaith. Doedd dim yn well na gwely plu, wedi ei bwnio a'i ysgwyd yn dda ac arogl hyfryd y lafant pan oeddwn yn dost.

Un o'r atgofion cyntaf sydd gyda fi am Anti yw ei bod yn fy nghario lan i'r gwely pan ddes i lawr o Lerpwl. (Mae'n debyg fy mod yn fach iawn o'm hoed!) Wrth gychwyn lan stâr roedd rhaid i fi ddweud "Nos da a Jiwfydachi!" wrth Wncwl a Bill, fy mrawd. Wyddwn i ddim beth oedd "Jiwfydachi!" Ymhen sbel ar ôl gofyn, des i ddeall mai "Duw fo gyda chi" o'n i fod dweud!

Roedd rhaid i fi ddweud fy mhader bob nos cyn mynd i'r gwely. Penlinio wrth ochr y gwely a dweud ar ôl Anti:

Rhof fy mhen bach lawr i gysgu,
Rhof fy ngofal i Grist Iesu.
Os byddaf farw cyn y bore
Duw derbynio f'enaid innau.

Ar ôl rhai wythnosau gofynnais i Anti beth oedd ystyr y weddi. Cyfieithodd hithau orau y gallai. Pan ddaeth at y drydedd linell dyma fi'n llefen ac yn dweud nag on i ddim am farw fel mam, ac nad oeddwn yn mynd i ddweud y weddi yna byth eto. Atebodd Anti y gallwn i ddweud fy ngweddi fy hunan os oeddwn yn dewis. A dyma fi'n dweud y weddi a ddysgais gan Mam:

Lord keep me safe this night
Secure from all our fears,
May angels guard us while we sleep
'Till morning-light appears.

A dyna'r weddi rwyf wedi'i dweud bob nos hyd y dydd heddiw.

Yn yr haf byddai Anti yn mynd â'r ticyn plu mas i'r haul i grasu. Ac fel byddai'r plu tu fewn yn twymo fe fydden nhw'n chwyddo. Byddai Anti wedyn yn ei ysgwyd a'i droi a'i adael i grasu yr ochr arall. Ar ôl rhoi'r ticyn plu nôl ar y gwely roedd y gwely'n uchel a rhaid oedd *dringo* iddo y noson honno a dyna braf oedd cael suddo i fôr o blu esmwyth. Rwy'n cofio un adeg a finnau wedi bod yn dioddef oddi wrth y *quinsey* ac eisiau rhywbeth. Dyma fi'n galw "Anti! Anti!" Ond doedd neb yn ateb. Mwy na thebyg ei bod allan ar y clos yn gwneud rhywbeth.

Galw eto "Anti! Anti!" a hynny sawl gwaith.

Yn y diwedd dyma Anti yn clywed ac erbyn hyn roedd "Anti! Anti!" wedi troi'n gân

"Anti! Anti! Anti fach neis!

Pryd wyt ti'n gweithio pwdin reis?"

Adeg y cynhaeaf yr arferiad gyda ni ym Mhledrog a'n cymdogion yn y ffermydd cyfagos oedd cael cinio canol dydd yn y tŷ. Roedd hyn yn dipyn o orchest os cofir bod y cyfan yn cael ei goginio ar y tân neu yn y ffwrn ar bwys y tân. Rwy'n cofio un tro adeg tynnu tato i Anti baratoi cinio i bedwar ar hugain! Wyth wrth y ford fawr yn y gegin a thri wrth y ford fach rownd; wyth wrth ford y parlwr a phedwar wrth y ford yn y gegin gefn ac Anti ei hun wrth gwrs yn gweini ar bawb.

Y bwyd fel arfer fyddai tato wedi eu coginio mewn ffwrn gast ar y tân gyda digon o shallots a chig moch ar eu hwyneb, i gael ychwanegu blas, ac ar ben y tato, cabetsien wedi'i thorri yn hanner a sweden neu ddwy. Byddai'r rhain yn cael eu 'bwtso' ar wahân gyda digon o fenyn cartref. Rhostiwyd darn o gig eidion neu gig oen yn y ffwrn ar bwys y tân ac os oedd lle, coginiwyd padellaid fawr o bwdin reis yn y ffwrn hefyd er 'mod i'n cofio Anti yn coginio'r reis mewn ffwrn gast ar y tân yn y gegin gefn. Yn raddol diflannodd yr arferiad hwn ac roedd pawb yn gwneud brechdanau ham neu domato amser cinio (er i ni gadw ymlaen â'r traddodiad o wneud cinio twym).

Tua hanner awr wedi tri amser te arferid mynd â bwyd i'r cae. Aed â the gan gynnwys siwgr a llaeth mewn stên fawr, a stên fach yn llawn te heb siwgr na llaeth er mwyn plesio pawb. Arferai Anti wneud y te mewn dau debot mawr cyn ei hidlo i mewn i'r stên gan lenwi ac ail-lenwi'r tebotau nes bod y stenau yn llawn. Roedd eraill yn rhoi'r te mewn cwdyn mawr, a'i adael yn y stên i fwrw'i ffrwyth ac yna tynnu'r cwdyn mas cyn mynd ag e i'r cae.

Roedd Anti yn nyrs dda a dyna un o'r rhesymau pam y symudodd hi a Wncwl o Bantglas i Bledrog. Dim ond rhyw led cae oedd o Bledrog i Lawrcwrt ac felly'n fwy cyfleus iddi fynd draw i edrych ar ôl pwy bynnag oedd yn sâl ac roedd rhywun yn dost yn Llawrcwrt yn aml iawn. Hi oedd gyda fi adeg geni Richard, fy mab, gan mai genedigaeth gartref a gefais ac roedd Anti wrth ei bodd yn edrych ar fy ôl i a'r babi, er nad oedd hi ddim yn dda ei hiechyd ers rhai blynyddoedd ond mynnodd gael bod gyda fi ar yr achlysur hapus hwn.

Bu farw rhyw bymtheng mis ar ôl geni Richard a chladdwyd hi yng Nghapel-y-Fadfa ar y 6ed o Dachwedd 1971. Coffa da amdani hithau.

11

Cymdogion

CYMDOGION I NI oedd Evan ac Ann Davies, Ffatri, neu 'Lower Factory' i roi'r enw gwreiddiol ar y lle. Mae gennyf atgofion melys iawn am y ddau gymeriad annwyl ac yn arbennig am eu caredigrwydd a'u gofal amdanaf.

Un atgof arbennig sydd gyda fi o garedigrwydd Ann Ffatri yw'r tro pan aethon ni'r plant hynaf yn Ysgol Talgarreg am drip i Dyddewi; grŵp o fechgyn yng nghar Stephens a grŵp o ferched yng nghar Dai Brynhedydd, Capel Dewi. Aeth y trip yn un hirfaith ac roedd Dai Brynhedydd yn ysu am fynd adref ers amser. Roedd e'n gofidio y byddai'n nosi cyn i ni gyrraedd Talgarreg ac yntau heb olau ôl i'r car a doedd y golau blaen ddim yn arbennig chwaith. Ei ofid pennaf oedd cael ei ddal gan yr heddlu wrth fynd nôl trwy dref Aberteifi, ac yn y diwedd roedden ni'r merched i gyd yn gofidio, er nad oedd dim gyda ni i wneud â'r peth.

"Os gofynnith y polîs pam bo fi'n dreifo heb olau, cofiwch ddweud mai newydd ddiffodd mae e!" oedd gorchymyn Dai i ni. Ond trwy lwc fe aethon ni drwy'r dref yn eithaf diogel a dim sôn am blismon yn unman. Fe adawyd fi lawr ar dop rhiw Crugyreryr ac roeddwn yn gweddïo y byddai Lewis Hefin, mab Ann, yn cyrraedd gartref yr un pryd â fi. Ond doedd dim sôn am Lewis. Wrth edrych tuag at Ffatri gwelwn olau yn nesáu at y tŷ. Roedd yn amlwg bod Lewis wedi cyrraedd adref yn ddiogel, ac roeddwn innau'n mynd yn fwy gofidus bob munud gan fod ofn tywyllwch arna i. Ond chwarae teg i Ann, roedd hi wedi gweld y car yn stopio ar ben y rhiw, ac erbyn i fi gerdded lawr i waelod y rhiw gwelais y golau drachefn yn dod nôl drwy'r waun tuag at Grugyreryr

Clywais chwibaniad Ann. Roedd hi'n medru chwibanu cystal ag unrhyw ddyn a dyma hi'n gweiddi, "Barbara! Dewch lawr i Ffatri!" Cerddais innau tuag at y golau a cherddon ni'n dwy drwy'r gwyll tuag at Ffatri. Wedi cyrraedd y tŷ dyma Ann yn dod i'm hebrwng drwy'r waun wrth dalcen Ffatri ac erbyn hyn gwelwn olau lamp *tilley* yn dod o gyfeiriad Pledrog. Chwibaniad arall! A dyma lais Wncwl yn treiddio trwy'r tywyllwch. Ymlaen ag Ann a fi dros afon Glowon, dros ben y clawdd ffin rhwng Ffatri a Glyneryr, ar draws cae brwynog arall ac roedden ni allan ar yr heol a arweiniai o Glyneryr i Bledrog. Erbyn i ni gyrraedd yr heol roedd Wncwl wedi croesi'r bompren dros afon Bwdram ac yn cerdded yr ychydig gamau i'n cwrdd.

Lewis Hefin oedd eu hunig blentyn, a fe'n naturiol oedd cannwyll eu llygaid. Byddai Ann yn galw ei mab wrth nifer o enwau: 'Lewis Hefin', 'Lewsyn', 'Lew' a 'Boy' ac fel pob ci da fe ddeuai Lewis Hefin wrth bob enw.

Un tro cafodd Lewis Hefin feic rasio newydd sbon yn anrheg ac un diwrnod roedd ar bwys Pantcoch pan basiodd bws Western Welsh a redai o Landysul i Geinewydd heibio. "Uffern!" meddai Lewis Hefin fe basa i'r bys 'na cyn bod e'n cyrradd Gwalia!" A dyma fe gered ar ôl y bws, gan bedlo cymaint fyth ag y gallai, a'r pedlau yn mynd rownd yn gyflymach na melin wynt mewn storm. Ond ar bwys siop Gwalia stopiodd y bws yn stond a Lewis yn dal i bedlo, â'i ben lawr ac aeth yn garlibwns i mewn i gefn y bws. Daeth yr ychydig deithwyr oedd yn y bws a'r gyrrwr a'r *conductor* allan i gael gweld beth oedd y sŵn a glywen nhw, ac yn eu plith roedd Evan Davies, tad Lewis. Pan welodd Evan y beic yn ddau ddwbwl a phlet dyma fe'n mynd yn benwan, doedd dim gwahaniaeth bod Lewis druan yn waed i gyd!

Lawer gwaith gwelwyd Lewis Hefin yn dod tuag at Bledrog, yn y Ffergi fach, a'r dwst yn codi yn gymylau tu ôl iddo. Un spîd oedd gyda Lewis a hwnnw oedd *top* gêr.

"Ody Barbara yn fisi?" gofynnai, "fi'n mynd i Blaencribor i dorri gwair" neu ryw orchwyl arall.

Byddwn innau yn mynd gydag e ar gefn y Ffergi Fach ac yn gorfod dal yn dynn am fy mywyd. Bant â ni drwy afon Bwdram, heibio Glyneryr a Maespwll ac am Galltmaen. Weithiau byddai Lewis yn gwasgu'r brêc yn hollol ddirybudd.

"Beth sy'n bod Lew?"

Dweud dim gair, ond bwrw'r ger i *reverse* a nôl ag e am rai llathenni ac estyn lan i ryw gangen uwch ei ben.

"O'n i'n meddwl bod fi wedi gweld cwlwm o gnou!" meddai.

A bant â ni eto heibio Galltmaen i'r groesffordd lle, 'Mae'r garreg wen, Yr un mor wen o hyd.' a throi ar y chwith heibio Blaenhafod ac ymlaen i Flaencribor gan fynd heibio bwthyn bach Pantyrhedydd ar y dde gerllaw.

Roedd Lewis Hefin wedi cael *air rifle* rywbryd ac roedd yn ysu am gael dangos ei allu fel saethwr. Cafodd gyfle un bore pan ddaeth Derek Whitfield a Gareth, y postmon, a ddaeth yn ŵr i mi, i Ffatri. Aeth Lewis i'r tŷ i hôl y reiffl a phan oedd yn ei dangos i Derek a Gareth dyma fe'n sylwi ar frân ar bolyn ynghanol y waun ger y tŷ. Dyma Lewis yn codi'r dryll ac yn ei anelu at y frân.

"Weli di'r frân 'co?" meddai Lewis, "bydd hi'n *dead-o* nawr!" Anelodd Lewis y gwn.

Powns! Aeth y dryll, ond symudodd y frân ddim.

"Rwy ti wedi misio!" oedd sylwad Derek.

"Uffern," atebodd Lewis Hefin, "do, ond mae thin hi siŵr o fod yn dwym!"

Cofiaf adeg priodas Lewis Hefin yn 1962 ar ryw fore o Ionawr a'r eira fel blanced wen yn gorchuddio pob cae a phob hewl. Roedd darpar wraig Lewis Hefin, Claire, yn byw yn Ulverston, yn ardal Cumbria, a rhaid oedd i Lewis, Tom Troedyrhwch, Bangor Teifi (ffrind a gwas priodas) ac ewythr Lewis sef Jack Challis, Sunnyhill, Pisgah, deithio lan i Ulverston drwy'r eira y diwrnod cyn y briodas. Methodd Lewis fynd lan rhiw Crugeryr, roedd Wncwl a finnau yn ei wylio o glos Pledrog. Ceisiodd Lewis unwaith eto ond dim lwc. I mewn drwy'r iet ar waelod y rhiw a bant ag e yn groes i'r cae, drwy'r eira, a dod mas i'r hewl fawr ger Cottage.

Bu'r daith o Dalgarreg i Synod Inn yn ddigon trafferthus gan fod mwy o drwch o eira rhwng

Groesffordd Mownt a Synod. Cafwyd peint neu ddau yn y Feathers yn Aberaeron a bant â'r tri eto ar daith hir. Dyma'r adeg pan adeiladwyd rhai o'r ffyrdd deuol, y *dual carriageways* cyntaf yn Lloegr ac nid oedd yr un o'r tri theithiwr, hapus erbyn hyn, yn gwybod dim am reolau'r ffyrdd.

Wrth gwrs, roedd rhaid mynd drwy dwnnel Mersey sef y twnnel oedd yn mynd o dan afon Merswy a bu Jack Challis bron mynd yn wallgof pan eglurodd Tom a Lewis iddo eu bod yn teithio ar yr heol o *dan yr afon*! Fe gafodd ofn dychrynllyd. Ond ymlaen â'r tri a Jack Challis dipyn hapusach ar ôl dod mas o'r twnnel.

Rywle ar draws y ffin yn Lloegr, wedi teithio am oriau, sylweddolwyd eu bod yn teithio i'r cyfeiriad anghywir. Tom Troedyrhwch oedd yn gyrru ar y pryd ac felly dyma fe'n groes y *central reservation* a gwneud *U turn* ar ganol y ffordd brysur hon. Cyn pen wincad gwelwyd car yr heddlu a'r golau glas yn fflachio, yn hedfan lawr y ffordd ddeuol ar eu hôl. Stopiwyd y car a dyma'r heddwas uniaith Saesneg yn tynnu ei lyfr nodiadau a phensil mas o'i boced.

"Are you the owner of this car?" gofynnodd yn awdurdodol.

"No! I am!" meddai Lewis Hefin o'r sedd ger y gyrrwr.

"It is illegal to do a U turn on a dual carriageway," dywedodd y plismon. Ni wyddai'r un o'r tri beth oedd *dual carriageway* nac *U Turn* o ran hynny. (Roedd hyn cyn bod Margaret Thatcher yn Brif Weinidog ac wedi datgan na fyddai hi'n gwneud *U Turn:* "You turn if you want to. The lady's not for turning.")

Trodd y plismon nôl at Tom Troedyrhwch.

"Name please!" meddai.

"Thomas Thomas," atebodd.

Ysgrifennodd y dyn â'r botymau arian yr enw yn ei lyfr.

"Address please!" meddai eto.

"Troedyrhwch, Bangor Teifi, Llandysul, Sir Aberteifi!" meddai Tom.

"Repeat that!" meddai'r plismon.

"Troedyrhwch, Bangor Teifi, Llandysul, Sir Aberteifi," meddai Tom yn gyflymach y tro hwn.

"Spell it for me!" gorchmynnodd y plismon.

"Sorry – I can't spell!" atebodd Tom.

"Well, take this as a warning! Don't let me catch you breaking the law again!" meddai'r heddwas. Ac ar ôl pregeth am reolau gyrru ar ffordd ddeuol a'r perygl o wneud *U Turn* cawsant fynd ymlaen â'u taith heb ddirwy. A'r geiriau olaf a glywodd y tri theithiwr wrth ail gychwyn ar eu taith oedd y plismon yn dweud o dan ei anadl, "Bloody Welsh!"

Bu Lewis Hefin druan farw yn ifanc iawn ac yntau ddim ond yn 41 oed, gan adael ei weddw Claire â thri o blant, Susan, Siân a Jonathan. Teimlai pobl Talgarreg a thu hwnt dristwch mawr ar ei ôl a bu bron i Ann dorri ei chalon.

"Dim ond un plentyn oedd gyda fi," meddai'n drist, "pwy eisiau Iddo fynd â'm mhlentyn i?"

~

Un o'r ffermydd a ffiniai â Phantglas oedd fferm Gelli-hen. Enw'r perchennog oedd John Jones, oedd yn cael ei adnabod fel 'John Mawr'. I mi, yn blentyn, edrychai fel cawr gyda bola crwn a bochau crwn coch a chwythai i fyny fel broga wrth anadlu allan ac ni allai gerdded heb gymorth ei ddwy ffon. Roedd arna i dipyn o'i ofn gan y byddai'n gweiddi arnaf a chodi un ffon yn fygythiol os gwelai fi neu Bill yn cerdded ochr anghywir y clawdd, fel y bydden ni'n gwneud weithiau i gysgodi rhag y gwynt a'r glaw; neu pan gerdden ni ar y borfa las a dyfai bob ochr i'r heol gart i osgoi'r pwdel a'r pyllau dŵr. Byddai'n mynd yn gandryll os gwelai Bill yn gadael y ceffyl a'r cart i grwydro o'r heol fwdlyd.

Yna roedd tair chwaer, Hannah, Rachel a Sarah. Sarah oedd fy ffefryn i. Un fach dew oedd hi ac roedd hi bob amser yn fwy siriol na'r ddwy chwaer arall.Un fach oedd Hannah hefyd, bob amser yn ddifrifol iawn fel pe bai pwysau'r byd ar ei hysgwyddau a siaradai'n bwt iawn. Rachel oedd yr un dalaf a'r teneuaf, hithau'n debycach i Hannah o ran ei chymeriad. Roedd merch gan Sarah o'r enw Annie a merch gan Rachel o'r enw Mary, ac roedd y ddwy yn cael llawer o faldod yn dod i'r ysgol ar gefn ceffyl, neu mewn cart a cheffyl bron bob amser.

Un tro dim ond Annie oedd yn yr ysgol, a gofynnodd hi i fi am aros iddi fynd i mewn i siop Tegfan ar y ffordd adre, ac y cawn switsen ganddi, ac felly y bu. Erbyn iddi ddod mas o'r siop roedd y plant eraill, Doug, Mari, Martha, Rita, a phlant Pensarn wedi mynd o'n blaenau. Felly dyma ni'n dwy, Annie a fi, yn cerdded lan rhiw Resger gyda'n gilydd. Rhoddodd Annie switsen yn ei cheg, ei sugno am sbel ac yna poeri'r canol mas. Switsen arall ac un arall, a gwneud yr un peth eto, heb gynnig yr un i fi!

"Hen *butterscotch* sydd yn y canol!" meddai hi.

"Rwy i'n licio *butterscotch*," ddywedais i gan obeithio y cawn y switsen roedd hi wedi'i haddo i fi, ond ches i ddim. Aeth drwy bob switsen yn y cwdyn, sugno'r siocled oedd o amgylch a phoeri'r *butterscotch* mas bob tro. Roeddwn i wedi cael fy nysgu i rannu popeth.

O sôn am rannu, rwy'n cofio cael dwy geiniog

i'w gwario yn siop Tegfan neu siop Gwalia. Penderfynais fynd i Gwalia ac wedi cyrraedd yno methu penderfynu pa swîts i brynu. Yn y diwedd dewisais rai tebyg i *Cadbury's Roses*. Beth bynnag, dyma Tom Gwalia yn pwyso'r swîts a chredwch neu beidio, *tair* switsen a gefais i am ddwy geiniog! Rhaid cyfaddef eu bod yn swîts mawr ac yn llanw'r cwdyn bach siâp côn. Pan gyrhaeddais yr ysgol daeth Violet Beckett Greengrove a Mari Ddolwilym ataf, a rhywun arall, dw i ddim yn cofio pwy oedd y trydydd person. Agorais y cwdyn a chymerodd y tair bobo switsen ac wrth gwrs doedd dim un ar ôl i fi! Dywedais innau ddim byd.

Pan fyddwn yn prynu swîts roeddwn bob amser yn cadw un neu ddwy i Anti. Doedd Wncwl byth yn bwyta swîts. Roedd yn well ganddo ef gael mwgyn bach! Wedi cyrraedd adre ar ôl ysgol dyma Anti'n gofyn i fi yn y man a oeddwn wedi prynu swîts ac atebais innau 'mod i wedi prynu rhai, "A dim un i Anti heddi 'te?" gofynnodd hi. Gorfod i fi ddweud wrthi beth ddigwyddodd, a chwarae teg iddi cefais ddwy geiniog arall drannoeth a chyngor i brynu swîts *llai o faint* y tro nesaf!

Yn y diwedd fe werthwyd fferm Gelli-hen. Pan ymadawon nhw â Gelli-hen gofynnon nhw i Wncwl a fyddai'n fodlon cymryd Bet, yr ast felen. Gallaf glywed Hannah nawr yn gofyn i Wncwl gan dorri pob gair yn bwt:

"Johnnie, a ydych chi'n fodlon cymryd Bet yr ast felen? Allwn ni ddim mynd â hi gyda ni i Lynyfrân a ni ddim am ei gwerthu."

Cytunodd Wncwl wrth gwrs. Un fel'na oedd e yn gwneud cymwynas â phawb. Doeddwn i ddim yn hapus iawn achos roedd hi'n hen ast gas. Ond i Bantglas y daeth hi a dechreuodd ymladd â Ffan, ein gast ni, y diwrnod cyntaf. Caewyd Bet i mewn yn y sgubor am sbel i gael gweld a ddeuai'n well ond ymladd â Ffan a wnâi hi bob cyfle. Yn hwyr un prynhawn roedd Wncwl a Bill lan yn y cae nesa i'r banc yn lladd gwair. Daeth Dan, Rado, a Rita oedd yn byw ym Mwlchybryn, i'n helpu ac fe es i lan i'r cae gyda nhw. Arhosodd Anti ar ôl i orffen y gwaith ar y clos. Ymhen tipyn dywedodd Wncwl wrtha i am fynd i ddweud wrth Anti y bydden nhw lawr i gael bwyd ymhen rhyw hanner awr.

Lawr â Rita a fi i roi'r neges i Anti ac yna aethon ni'n dwy mas i chwarae tu fas i'r tŷ. Gwelais Ffan yn dod heibio'r twlc ar waelod y clos a lan am y tŷ. Wrth ei bod yn mynd heibio i ni dywedodd Rita,

"Drycha ar yr ast 'na. Mae rhywbeth yn bod arni. Sylwest ti ddim?"

"Wel, na, sylwes i ddim bod dim byd yn bod

arni ond rown i'n meddwl ei bod hi'n od bod hi wedi mynd heibio i fi heb ddod ata i gael ei chanmol."

Ond roedd Rita yn siŵr bod rhywbeth o'i le arni ac fe es i a hithau i edrych amdani. Gorweddai Ffan ar draws stepen y drws a arweiniai o'r gegin fach i'r gegin.

"Mae hi wedi trigo!" meddai Rita

"Na, cysgu mae hi." atebais innau.

A mas â ni'n dwy i chwarae eto.

Bu Wncwl a'r lleill dipyn o amser cyn dod lawr i gael bwyd a'r peth cyntaf a ofynnodd Wncwl:

"Odych chi wedi gweld Ffan?"

Ac yna fe'i gwelodd yn gorwedd ar stepen y drws yn hollol lonydd:

"Ffan cwyd!" meddai Wncwl

Ond symudodd hi ddim!

"Mae hi wedi trigo," oedd sylw Dan. Aeth Dan a Wncwl i lawr ar eu pengliniau ar ei phwys ac wrth archwilio ei chorff gwelwyd bod corn ei gwddw wedi'i chwalu.

"Yr ast felen ddiawl na," meddai Wncwl, a dywedodd sut y gwelodd Bet a Ffan yn ymladd yn y cae.

"Dere â dryll i fi," meddai Bill "fe saetha' i hi."

"Na," meddai Wncwl "mae'r drwg wedi'i wneud nawr, ddaw Ffan ddim nôl,"

Ac ni fu golwg gyda'r un ohonon ni ar Bet, yr hen ast felen, wedi hyn.

Daeth Vic a Marged Hatcher, a'u dau blentyn, Ann ac Ernie, i fyw yng Ngelli-hen. Ac yn rhyfedd iawn fe fyddai Bet, yr hen ast felen, yn mynd yn ôl yno bob cyfle fyddai hi'n ei gael ac yn y diwedd fe arhosodd yng Ngelli-hen.

~

Cymdogion i ni ym Mhantglas oedd Simon a Mari Jones ac mae'r ddau wedi'u claddu ym mynwent Capel-y-Fadfa. Bob dydd Sul yn ddi-ffael byddwn yn mynd i'r Ysgol Sul ym Mwlchyfadfa ar hyd llwybr troellog, cul ar draws bronnydd, rhai ohonyn nhw'n llawn rhedyn ac eithin, a mynd heibio i Ddolwen. Os digwyddai Simon neu Mari fy ngweld fe fyddwn yn siŵr o gael rhywbeth neis, neu afal neu blwmsen o'r coed a dyfai ger y tŷ. Ond yn anffodus roedd y llwybr yn mynd tu ôl i dŷ Ddolwen ac ni fyddai'r ddau yn gwybod fy mod yn mynd heibio. Ond fe ffeindiais ffordd o ddod dros yr anhawster hwn! Roedd ffenest fach yn wal gefn y tŷ, ffenest y llaethdy oedd hi. Ffenest fach gyda sinc yn lle gwydr a'r sinc yn llawn tyllau bach crwn, fel oedd yn arferol ymhob tŷ bron yr adeg hynny. Yn rhyfedd iawn fe fyddwn yn cael pwl o beswch cas wrth fynd heibio'r ffenest; ambell waith fe fyddwn yn canu cân wrth fynd heibio; ambell waith fe fyddwn yn galw ar Wali'r ci. Yn ddieithriaid fe fyddai Mari neu Simon yn siŵr o'm clywed ac fe fyddwn innau'n siŵr o gael rhywbeth!

Roedd dau fab gan Simon sef Gomer a Dai a'r ddau yn byw bant yn rhywle. Weithiau adeg gwyliau roedd Valerie, merch Dai, yn aros gyda'i thad-cu Simon a'i modryb Mari. Ambell dro fe fyddai'n dod i Bantglas i chwarae gyda fi neu fi fyddai'n mynd i Ddolwen.

Un tro roedd Valerie yn gwisgo sanau pen-lin gwyn wedi'u gwau gyda brodwaith o flodau tlws, coch a melyn, ar y top. Roeddwn wedi dotio ar y sanau ac addawodd Mari y byddai'n gwau pâr i fi. Bûm yn disgwyl am amser hir, neu felly roedd hi'n ymddangos i mi. Ond un noson yn y gaeaf roedd cyngerdd yn Neuadd Goffa Talgarreg ac aeth Wncwl a fi i'r gyngerdd. Anaml iawn y byddai Anti yn mynd i gyngherddau oherwydd ei bod yn dioddef o'r asthma a hefyd broncitis. Roedd tipyn o daith o Bantglas i Dalgarreg ac roedd dringo rhiw serth Esger ar y ffordd adref yn ormod iddi. Beth bynnag, ar ddiwedd y noson wrth gwrdd â Wncwl wrth ddrws y Neuadd, sylwais fod cwdyn brown ym mhoced ei got. Dyma fi'n gofyn iddo beth oedd yn y pecyn ac atebodd yntau bod Mari Ddolwen wedi dod â'r sanau ac wedi eu rhoi iddo yn y gyngerdd. Wel, gallwch ddychmygu mor falch oeddwn ac yn ysu am eu gwisgo yn y fan a'r lle, a Wncwl yn dweud y byddai'n rhaid i mi aros nes cyrraedd adre. Bob cam lan rhiw Esger roeddwn yn begian am gael gwisgo'r sanau ac o'r diwedd er mwyn cael llonydd dyma Wncwl a Dês Ysgolddu yn mynd ati i wisgo fy sanau. Rhaid cofio mai adeg rhyfel oedd hi, ac er ei bod yn dywyll fel y fagddu ni feiddiai neb ddangos unrhyw fath o olau, felly gallwch ddychmygu'r ffwdan a gafodd y ddau i wisgo'r sanau yn y tywyllwch. Ond wedi llawer o rwgnach ac ambell reg llwyddwyd i gael y sanau am fy nhraed.

Un cof arall sydd gyda fi am Mari Ddolwen. Rhyw Sul roedd Anti a fi yn mynd i'r cwrdd dros y llwybr troellog ar draws y bronnydd. Wedi croesi'r sticil ar y ffin rhyngom ni a Dolwen beth groesodd y llwybr o'n blaen ond cadno â'i droed yn sownd mewn trap. Roedd pobl adeg y rhyfel yn ennill eu bywoliaeth wrth drapo cwningod a mwy na thebyg i'r cadno gael ei ddal yn un o'r trapiau. Eithriad oedd gweld cadno yr adeg honno a mawr oedd ein syndod ac roedd tipyn o ofn hefyd. Roedd Wncwl, Bill fy mrawd a Dan Bwlchybryn yn hela cwningod yn y caeau gyferbyn â ni. Wedi gweiddi am sbel deallodd

Dan a Wncwl yn y diwedd bod cadno yn y trap. Aeth Anti a finnau ymlaen i'r capel a phan ddaethom adref roedd y cadno wedi'i saethu.

"Ble mae'r cadno nawr?" gofynnodd Anti.

Eglurodd Wncwl bod Mari Ddolwen wedi dod i hôl y cadno a'i wthio adref mewn whilber. Aeth Mari ati i flingo'r cadno er mwyn troi'r croen yn fat i'w roi o flaen y lle tân! Yn anffodus nid oedd Mari wedi trin y croen yn iawn a buan aeth y mat i ddrewi, ond fe'i cadwodd er gwaethaf y drewdod!

Wrth fynd i'r Ysgol Sul fe gerddwn ymlaen dros afon fach 'Glasne' (ai dyma pam yr enwyd Pantglas?) ac ymlaen wedyn trwy glos Rhydsais. Nid wy'n cofio i mi erioed fynd trwy glos Rhydsais heb i mi weld Evan. Bob dydd Sul ar ôl siarad am ychydig byddai Evan yn ymbalfalu yng ngwaelod poced ei drowser ac fe fyddai'n tynnu allan geiniog neu ddimai a'i rhoi i mi.

Roedd Rita, un o'r plant, a fi yn dipyn o ffrindiau ac fe fydden ni'n cydgerdded i'r Ysgol Sul. Ymlaen wedyn heibio Pantybryn, cartref Evan Lloyd Jones a'i wraig Mari Ann. Ymlaen eto, heibio'r Capel a'r fynwent, heibio Gwynfryn, lle roedd Jack Morgan y bwtsiwr yn byw. Heibio'r ddau dŷ capel, Brynhyfryd cartref Miss Davies, neu 'Marged Jaco' fel roedd hi'n cael ei galw am ei bod yn dweud "Jaco! Jaco!" o hyd. O'r diwedd, cyrraedd y festri, lle cynhelid yr Ysgol Sul.

Cystal i mi egluro fan hyn, mai Siân y gelwir fi gan lawer o'm ffrindiau agosaf, a dyma i chi pam. Pan ddes i lawr o Lerpwl yn fechan bedair oed, roedd enw fel Barbara yn ddieithr iawn i ardal mor Gymreig â Thalgarreg, a chawn fy ngalw yn bob math o enwau rhyfedd. Roedd Dad-cu Llawrcwrt yn fy ngalw yn 'Debra' neu 'De*bora*!'. Arferai un o'n cymdogion sef Mari Jên, Nantgwyddau ddwedu "Bar*bara* dewch i gael te." Ac roedd hyd yn oed Wncwl yn fy ngalw yn 'Bar*ba*'. Roedd Anti am fy ngalw'n Joan am mai dyna fy ail enw ond nid oeddwn yn fodlon. Felly er mwyn tynnu fy nghoes dechreuodd fy ngalw yn "Siân" ac mae Siân wedi glynu hyd heddiw.

Y Suliau a roddai'r mwyaf o fwynhad i mi oedd y Suliau hynny pan ddywedai Anti wrthyf am fynd at Mam-gu Llawrcwrt ar ôl Ysgol Sul. "Ac fe fydda i'n dod lawr ar ôl cwrdd prynhawn. Ond os na fydda i wedi cyrraedd pan fyddan nhw'n mynd i odro, dere di gartre dy hunan bach, fel dy fod yn cyrraedd yn ddiogel cyn nos." Diolch i'r drefn, anaml y byddwn yn cerdded adre fy hunan. Ond rwy'n cofio'n iawn i hyn ddigwydd un Sul.

Ond mae'r stori yn dechrau rai wythnosau

cyn y Sul hwnnw. Roedd cwmni drama wedi bod yn Neuadd Goffa Talgarreg yn perfformio 'Y Ferch o Gefn Ydfa'. Yn un o'r golygfeydd roedd cymeriad tebyg i hen wrach yn ymddangos mewn coedwig, ac fe gefais y fath ofn, nes i mi fethu â chysgu y noson honno, a dyma fi'n gweiddi:

"Aunty, can I sleep with you?" Dim llawer o ymateb! Dim ond, "Cer nôl i gysgu."

"Aunty, little girls should sleep with the ladies and little boys should sleep with the men." meddwn i wedyn.

Deallodd Anti nad oedd cwsg yn mynd i ddod i fi y noson honno, ac fe gefais fynd i'r gwely ati hi a Wncwl, a mwy na thebyg iddi ddweud yr hanes yn Llawrcwrt.

Roedd John Llawrcwrt yn hoffi fy mhryfocio a'r Sul hwnnw dyma fe'n dechrau sôn am wrachod a phethau tebyg, ac meddai "Hen wrach sy'n byw ym Mhlas y Binc."

(Ac i chi sydd ddim yn gwybod lle mae Plas y Binc, wel bwthyn bach gwyngalchog oedd Plas y Binc, rhwng Penrhiw a Throedrhiw, ac yma roedd hen wraig o'r enw 'Rachel Refel' yn byw.)

Wel, y Sul hwn doedd dim sôn am Anti a Wncwl yn dod a phan aeth Mam-gu i baratoi i fynd i odro roedd yn rhaid i fi ddechrau fy ffordd i Bantglas. Wrth ddod am Blas y Binc, pwy oedd yn sefyll tu fas y tŷ ond rhyw hen wraig, mewn dillad du o'i chorun i'w sawdl! Roedd hi'n golchi sosban ddu â grafel, roedd hyn cyn dyddiau'r *Brillo Pads*! Roedd y bwthyn erbyn hyn yn edrych yn debyg i fwthyn yr hen wrach yn stori Hansel a Gretel! Wrth i mi nesáu, dyma hi'n fy ngweld i, ac mewn llais cras dybiwn i, meddai hi:

"A phwy ŷch chi, merch fach i?"

Atebais innau yn fy ofn yn ddistaw, "Barbara, Pantglas."

"E?" meddai hi "Sa i'n deall chi. Gweiddwch i fi gael clywed."

A dyma fi'n gweiddi'n uchel "Barbara, merch Pantglas."

"Does dim eisiau i chi weiddi! Rwy'n clywed chi'n iawn!" meddai hi, a gyda hyn dyma hi'n taflu'r dŵr oedd yn y sosban i ganol yr heol. A dyma fi bant nerth fy nhraed, lan y rhiw, heibio Penrhiw a chware Crugyreryr ac arhosais i ddim nes 'mod i ar bwys yr hen dderwen gam a dyfai ger Crugyreryr Ucha!

~

Cymeriad hoffus arall oedd Rees Ffarm. Oddi ar y cof cyntaf sydd gennyf i welais i ddim o Rees heb ffon. Tybiaf ei fod yn dioddef o'r gwynegon ac yn dibynnu ar ffon i'w helpu i gerdded. Roedd yn berson doniol ac mewn llawer ffordd roedd Wncwl yn debyg iddo, yn ei hiwmor a'i hoffter o chwarae triciau ar bobl.

Dibynnai lawer ar Wncwl i'w helpu gyda'r cynhaeaf. Cofiaf am Wncwl un tro yn cario bêls gwair lan i lofft y cartws yn Ffarm. Rhybuddiodd Rees ef fod y styllod mewn ambell fan yn bwdr, ac am iddo fod yn ofalus ble roddai ei droed. Symudodd Wncwl y bêls gwair a'u gosod yn drefnus un ar ben y llall ond yn sydyn aeth ei draed trwy'r llawr ac oni bai iddo gydio yn sownd yn y gorden oedd o gwmpas y bêl byddai wedi syrthio i'r llawr islaw.

"Na fe! Wedes i wrthot ti," meddai Rees, gan daro ei ffon fodfeddi yn unig o flaen trwyn Wncwl, gan mai dim ond hanner uchaf ei ben oedd yn y golwg. Yna dyma Rees yn gweld wy mewn nyth yn y cornel. Rhoddodd yr wy o flaen trwyn Wncwl ac yna rhois glatsien i'r wy â'i ffon a dyma'r drewdod mwyaf ofnadwy yn llenwi'r llofft. Roedd Rees wedi torri wy clwc yn union o flaen trwyn Wncwl! Llwyddodd Wncwl i dynnu ei hun trwy'r twll nôl i'r llofft gerfydd ei freichiau. Tipyn o gamp i ddyn yn ei bumdegau hwyr! Dro arall roedd Rees am i Gareth, fy ngŵr, garthu sied lle'r oedd llo diogel o seis, ond yn gyntaf rhaid oedd dal y llo i'w symud i sied arall.

"Fe ddala i fe nawr," meddai Gareth.

"Na! Na!" meddai Rees "Sdim ishe i ti, fe ddala i fe!"

Llwyddodd Rees rywsut i roi corden am wddf y llo ac ar yr un funud dyma Mari ei chwaer yn rhoi ei phen rownd i'r drws.

"Beth sy'n mynd mlân 'ma?" gofynnodd hi, a'r peth nesaf a welodd Gareth oedd y llo yn mynd mas trwy dwll yn y wal gan dynnu Rees ar ei ôl!

"Gadwch y llo i fynd," meddai Gareth ond dal yn sownd wnaeth Rees a mas ag e ar ôl y llo drwy'r twll. Yn y diwedd gadawodd Rees y gorden yn rhydd a daeth nôl i'r sied lle'r roedd Mari.

"Beth oedd eisiau i ti hwpo dy hen wyneb salw rownd i'r drws a hala ofan ar y llo?!" meddai Rees.

Roedd yna un stori arall a Rees ei hunan fyddai'n ei hadrodd.

"Ma' *points* gyda fi noson Ffair Llanybydder," meddai e ac yntau dros ei saithdeg!

"O! Pwy yw'r fenyw?" byddai pawb yn gofyn.

"Mary Roberts yw ei henw, ac mae'n fam i *twins*!"

Ar ôl i Ffair Llanybydder fynd heibio byddai pawb yn gofyn i Rees sut aeth hi yn y ffair.

"Wel, a ddaeth Mary Roberts?"

"Wel, ô'n ni fod cwrdd ar bont y trên a bues i'n disgwyl a disgwyl iddi ddod. Ô'n i'n dechrau meddwl na ddeithe hi ddim. Ond o'r diwedd dyma hi'n cyrraedd.

'Dyma fi!' mynte hi!

'Dyma finne!' meddwn innau."

A dyma hanes carwriaeth Rees!

~

Roedd Wncwl Tom yn ewythr i Wncwl Jack, Pantglas. Aeth ef i weithio yn un o siopau mawr Llundain. Ond fel 'Wncwl Tom' roeddwn i'n ei adnabod. Roedd Wncwl Tom yn dod adre i Dalgarreg ar ei wyliau yn rheolaidd. Roedd cyffro yn ein tŷ ni pan fyddai ef yn dod adref oherwydd roedd bob amser yn dod i'n gweld ym Mhantglas. Cofiaf amdano yn dda, bob amser yn gwisgo'n daclus iawn. Yn yr haf byddai het wellt *boater* ar ei ben; cot olau amdano a byddai ganddo rosyn bach pinc, neu sbrigyn o lwyn hen ŵr yn lapel ei got. Tyfai'r rhosyn bach a'r llwyn hen ŵr wrth wal tŷ'r ffarm. Yn rhyfedd iawn pan fyddai Wncwl yn mynd i Ffarm at ei ewythr Rhys a'i fodryb Mari (brawd a chwaer i Wncwl Tom) fe fyddai yntau yn dod adref â rhosyn pinc neu sbrigyn o hen ŵr yn lapel ei got er mai dillad gwaith oedd amdano fynychaf.

Pan fyddai Wncwl Tom gartref am wyliau'r haf, fynychaf tua diwedd mis Awst, fe fyddai bob amser yn gofyn i mi am fynd i chwilio am sbrigyn o rug gwyn iddo, 'lucky white heather' fel y byddai'n dweud. Credai'n gryf yn y lwc honedig a ddeuai i'r sawl oedd â grug gwyn yn ei feddiant.

Ond un flwyddyn, yn 1944, daeth adref ar wyliau yn ôl ei arfer, ac yn rhyfedd iawn y peth cyntaf a wnes i oedd mynd i chwilio am y grug gwyn. Gwyddwn yn iawn am y llefydd lle tyfai'r grug. Ond er i mi chwilio a chwilio methais ddod o hyd i ddim, ac roeddwn yn synhwyro y byddai Wncwl Tom yn anhapus iawn er na wyddwn pam. Wel, rhyw ddiwrnod daeth Wncwl Tom i Bantglas i'n gweld a phan ddaeth yn amser iddo fynd aeth Wncwl a finnau, yn ôl ein harfer, i'w hebrwng lan i'r iet ffin rhyngom ni a Gelli-hen. Wedi siarad am sbel fach fan hynny dyma Wncwl Tom yn cofio'n sydyn am y grug, a dyma fe'n gofyn i mi fynd i chwilio amdano, ond gwyddwn cyn mynd mai ofer fyddai chwilio am y grug gwyn.

Beth bynnag, mynd wnes i, ac er chwilio a chwilio methais gael gafael mewn dim. Es nôl at Wncwl a Wncwl Tom a dywedais wrthyn nhw nad oedd dim grug gwyn wedi agor. Roedd yn amlwg bod Wncwl Tom wedi ei siomi.

"Treia 'to," meddai Wncwl.

A bant â fi i chwilio eto, ond yn ofer. Cydiodd Wncwl Tom yn llaw Wncwl a dywedodd:

"Wel, Johnnie, mae fy lwc wedi rhedeg mas. Dim *white heather*. Hwn fydd y tro diwethaf i mi weld Talgarreg."

"Wrth gwrs y gwnewch chi," atebodd Wncwl. "Chi sydd wedi dod lawr ar eich gwyliau ynghynt nag arfer ac mae'r grug gwyn heb agor. Pan agorith e fe bostwn ni sbrigyn neu ddau i chi."

Ffarweliwyd felly wrth yr iet ac aeth Wncwl Tom yn ôl i Lundain drannoeth. Mewn rhyw wythnos daeth y newydd trist bod Wncwl Tom wedi ei ladd gan *flying bomb*. Deuwyd â'i weddillion yn ôl i orffwys ym medd y teulu yng Nghapel-y-Fadfa ac ar y garreg fedd mae'r geiriau, 'Hefyd eu mab, Tom, a gafodd ei ladd gan *flying bomb* Awst 21ain 1944 yn 65 mlwydd oed.' Ac ni thyfodd grug gwyn y flwyddyn honno ym Mhantglas.

Cafodd Wncwl hen ramoffon a chorn mawr ar ôl Wncwl Tom ac rwy'n cofio i Anti ddweud wrth Wncwl am gael gwared â'r 'hen beth'.

"Na, wertha i ddim ohono," meddai Wncwl, "mae hwn wedi bod mas yn y ffosydd yn Ffrainc yn y rhyfel byd cyntaf."

Ac ar lawer noswaith braf yn yr haf pan oedden ni'n byw ym Mhantglas ac wedi hynny

ym Mhledrog byddai Wncwl a finnau'n cario'r
ford fach rownd mas i ffrynt y tŷ a chwarae'r
hen recordiau ar ramoffon Wncwl Tom.

Mae'r hen ramoffon a rhai o'r recordiau gyda
fi nawr ac fel y dywedodd Wncwl:

"Wertha i byth mohonyn nhw."

Ni allwn innau feddwl am eu gwerthu
chwaith!

HUNANGOFIANT MEDDYG

Anodd Credu

Joshua
Gerwyn
ELIAS

yLolfa

£8.95

CYFRES  TI'N JOCAN

hiwmor
Y CARDI

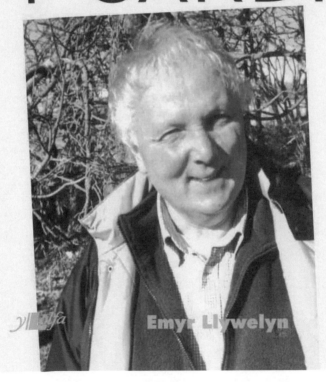

y Lolfa

Emyr Llywelyn

£4.95

Am restr gyflawn o lyfrau'r Lolfa, mynnwch
gopi am ddim o'n catalog
neu hwyliwch i mewn i'n gwefan

www.ylolfa.com

lle gallwch archebu llyfrau ar-lein.

TALYBONT CEREDIGION CYMRU SY24 5HE
ebost ylolfa@ylolfa.com
gwefan www.ylolfa.com
ffôn 01970 832 304
ffacs 832 782